JN301704

大学で履修する入門経済学が1日でつかめる本

絶対わかりやすい経済学の教科書

木暮太一

MATOMA

はじめに

「経済学を理解するのに、数学はいりません」

「経済学の教科書を読んでも全く理解できない」
「経済学は数学と同じだから、自分には難しすぎる」

そう感じている方は多いのではないでしょうか？
たしかに、経済学は大学で学ぶ「学問」で、多少高度な内容を扱っています。しかし、経済学とは、もともと人間の日々の経済活動を理論化したものにすぎません。つまり、わたしたちが毎日行っている通常の行動・取引を「理論」としてまとめているだけです。だから本来、理解できないはずがないんです。

現代の経済学は、難しい数学や統計学を駆使して、「素人」が簡単に近づけないようになっています。でも、やろうとしていること、説明したい内容は、決して「ハイテク」ではありません。
たしかに、経済が大きくなると、国全体から経済を見る必要もあり、消費者や労働者としての意識から離れるテーマもあります。
とはいえ、もともと人間の生活を分析した理論ですから、その理論自体が理解不能なほど難しいというのも変な話です。

しかし実際問題としては、「経済学は難しい」「学生のころに勉強したけど全く理解できない」という方が非常に多くいらっしゃいます。

なぜでしょうか？
それは、経済学が「論理」ではなく、数式やグラフを使ってパズル的に解説されているからです。

大学の授業では、「需要が増えると、グラフがこう動くので、均衡点は新しくこっちに移る。ほらね、だからこの理論は正しい」みたいな説明をされます。

グラフの場所が変わって、新しく交点ができることは、目で見ればわかります。でも、そもそもグラフの意味が表している内容がよく分からないので、「それが動いて…」「…ほらね♪」といわれても、納得感がないのは当然のことです。

わたしたちが経済学の勉強をしようとして最初に目にするのは、経済学の目的や、何について話しているのかを説明ではなく、詳細理論の「証明」です。何について話しているのかも分からないうちに、その証明に入ってしまうので、全てが数学的に見え、理解不能に見えてしまうのです。

ものごとの説明方法としては、まず言いたい内容を日本語で説明するのが本筋です。でも経済学では、それが軽視されています。相手に何かを伝えるときには、まずこれから何の話をするのか、何が言いたいのか、結論は何なのか？を説明すべきなんです。これが物事の説明方法として「しかるべき姿」です。

ただし、これだけだと、話が漠然とし、感覚的な話にもなりがちです。「言いたいことは分かるけど、本当にそうなの～？？」というツッコミも聞こえてきます。

そこで説明に説得力を持たせるために、はじめて数学やグラフを登場させます。説明した内容を数学的に証明すれば、理論をより客観的に、より正確に見せることができるわけです。だから数学が使われるのです。

ですので、数学を使って経済学を説明することに反対はしません。しかし、数学はあくまでも説明の補佐として利用すべきで、メインの説明に持ってくるべきではありません。まずは理論の説明を、しっかりと日本語ですべきなんです。言いたいことをちゃんと説明もせずに、その「証明」に終始しても、相手に伝わらないのは当然です。

本書では、まず「経済学の目的」「一体何の話をしようとしているのか？」を丁寧に説明しています。各理論の説明も、詳細の証明より、「理論の意味と内容」を日本語で理解していただけるように書いています。数学もグラフはほとんど使っていませんので、「本当にそう言えるの？」と感じることがあるかもしれません。

各理論を数学的に分析は、大事と言えば大事なのです。でも率直に言って、それは経済学上級者や、専門家が行えばいいことです。一般のビジネスパーソンや一般教養として経済学を学ばれる方に必要なのは、「経済学の意味」を知り、その考え方を身につけることです。経済学という分野では何を扱っているのか、最終的にどこに、どういう手段で行こうとしているのか、まずはその大枠でその事を理解することが必要なんです。

経済学は数学ではありませんので、数学を知らなくても、理解できるのです。中・上級になると、数式を使った会話についていく必要もありますが、少なくとも入門レベルでは「＋、－、×、÷」が分かれば問題ありません。

この本は、みなさんに「経済学の考え方」と「経済学では何をテーマにして、何をやっているのか？」を理解していただくことを第一の目的と考えています。ほとんど数式・グラフを使わず、日本語で、直感的に理解していただけるよう、解説しています。

本文中には、数ヵ所グラフや数式が載っていますが、あくまでも日本語の説明文章をビジュアルで補足するためのものです。グラフ・数学アレルギーがある方は完全に読み飛ばしていただいても全く問題ありません。

この本は、試験勉強用ではありません。本書を読んでも、テストの計算問題を解けるようにはならないでしょう。でも、この本を読み終わったときには、

- そもそも経済学とは何か？
- 何をするための理論で、どんなことを考えているのか？
- 経済学の考え方は、自分の生活・ビジネスの中でいつ、どんな場面で活用できるのか？

が自分の言葉として説明できるようになっていると思います。

本書は以下のような構成になっています。
まず、経済学の世界の中で、ほぼ「前提」とされている、基本的な考え方を説明します。
この考え方を知ると、詳しい経済学理論を知らずとも、経済学的な思考ができるようになります。

その次に、「ミクロ経済学」を説明します。ただし、本書の目的は、経済学理論の目的を理解し、ベースを築いていただくことです。そのため、高度な理論は解説していません。
あくまでも、ミクロ経済学とは？ がみなさんの腑に落ちることを最

優先に考えて解説しています。

最後に「マクロ経済学」を説明します。ここでも重視しているのは、「マクロ経済学とは？」を理解いただくこと。マクロ経済学の有効性、現代経済への応用方法などを語ることは、本書のテーマではありません。それらは、マクロ経済学が何かを本書で把握していただいた後、次のステップとして進んでいただきたいと思っています。

この本が、みなさんの経済学理解に少しでも役立ち、ひとりでも多くの方がより経済学に親しみを持っていただけたら、この上ない喜びです。

2011年1月　木暮太一

目次

第1章 大学で履修する経済学の考え方

第2章　大学で履修する入門ミクロ経済学

第1章

大学で履修する経済学の考え方

「経済学」と聞くと何を思い浮かべますか？ もしかしたら、みなさんの頭に浮かぶのは、「グラフや数式が多い」「お金儲けに関すること？」ということかもしれません。

しかし、実際は少し違います。たしかに経済学では数式がよく登場し、「マネー」「利子率」など、お金関係の言葉が出てきます。でも経済学の目的は、数学でも、お金儲けでもないんです。

経済学は、世の中にある「資源の分け方」について分析をする科学で、生活の多くの場面で使える「ツール」です。

一般的に「資源」というと、石油や天然ガス、木材などの「原料」を思い浮かべますね。もちろんそれも「資源」ですが、経済学でいう「資源」はそれだけじゃありません。その他にも「出来上がった商品」「労働力」「個人個人の時間」など、取引に関係するものを全て「資源」と考えます。その資源を効率的に分けるためにはどうすればいいか、また、そもそも「最も効率的な分け方」とはどんな状態なのか、を経済学で考えていくわけです。

これは、ビジネスに限った話ではありません。みなさんが今日行動することも経済学で扱うテーマになります。「学校や仕事終わりに飲みに行くか、それとも本を買って勉強するか」「今度の連休に沖縄に行くか、北海道に行くか」「いつ結婚して、子供は何人ほしいか」なども、経済学で考えていくテーマなんです。

「え？ なんでそれが『経済学』のテーマになるの？」

なぜかというと、これも全部「資源配分」がテーマになっているからです。みなさんが持っているお金や時間という「資源」を何に振り分けたらいいか、何に使うのがベストか、を考えているわけです。経済学は「どうしたらベストな資源配分ができるか」を考えていく科学なので、一見「経済」と関係ないことも経済学で考えることができるんです。

「飲み会」「旅行」「結婚」は、みなさんが日常的に考えているテーマかもしれません。でも、「今日飲みに行くべきか、本を買って家で勉強すべきか」などを、理論をもとにして厳密に計算している人なんていません。みんな無意識に、漠然と考えているんです。そのみなさんが「漠然と」考えていることを、経済学では厳密に分析していきます。

「いや、別に厳密に分析してくれなくてもいいんだけど……」

自分の判断が理論的に明確になると、「なぜ自分が普段そう考えていたのか」が分かります。一種の心理分析みたいで、頭の中がすっきりします。それに、普段「得をしたいから」「損をしたくないから」と考えて行動していることでも、実は「得をしていない」「損をしている」こともあります。感情で考えて、「雰囲気」で決めてしまうと、思わぬ落とし穴にはまってしまうのです。「感情に流されてはいけない」ということではなく、理論的に考えると別の見方ができるということを是非知っていただきたいと思います。

また、社会の中で生活している私たちは、自分が持っている資源を活用し、誰かと取引をしていかなければなりません。自給自足でもしないかぎり、他人と取引をしなければ生きていかれないのです。

ここで別のテーマが出てきます。効率的に資源が配分されているかどうかを考えるには、自分の頭を整理するだけでなく、他人に与える影響、他人から受ける影響を考えなければいけないわけです。

まず①「自分がどう行動したら効率的になるか」を考え、次に②「相手とどんな取引をしたら効率的になるか」を考えます。そして最後に③「それぞれの状況を俯瞰して、世の中の経済がどんな状態になっているか、そしてその状態を改善するためには、どうすればいいか」を考えていきます。

経済学では、このような「現状分析」と「改善策の検討」をしているわけです。なので、経済学を理解する時にも、「ここは現状分析をしているんだな」「ここは経済の改善策の話だな」と分けて考えていきます。

今まで経済学が意味不明に思えてきたのは、教科書が言っている意味が分からない（文章が難しくて理解できない）、ということもさることながら、経済学が何をやりたいのか全く分からないからイメージができない、ということがありました。なので、この本では、その都度「理論の目的（何がやりたいのか）」を確認しながら話を進めていきます。

まとめ
経済学のテーマは「資源配分」。時間やお金をどう配分するのがベストかを考えていく。

経済学の考え方が身に付く14のルール

経済学には、数多くの「理論」があります。消費者の買い物についての理論だったり、企業の生産量についての理論だったり。でも、どんな理論にも共通している事柄があります。それが「経済学の原則」とも言える「経済学の考え方」「経済学で前提にしているルール」です。

これを理解していれば、経済学的な考え方が身に付きます。この「経済学的な考え方」が身に付いていると、たとえ高度な理論や、難しい言葉を知らなくても経済学で世の中を見ることができ、冷静で効率的な判断ができます。基本的な項目ですが、様々な出来事に応用ができる非常に便利な内容です。

「経済学の考え方」には、大きく分けて3つの種類があります。ひとつめは「自分はどう行動すれば効率的になるか」、ふたつめは「経済はどうやって成り立っているか」、3つめは「経済に欠かせない『価格』について」です。

個人がベストな判断をするための考え方

【経済学の考え方 その1】全ての資源は有限である～稀少性

経済学では、全ての資源が「有限」であると考えています。これが経済学のどの理論にも通じる基本の考え方です。

経済学では、どうすればベストな行動ができるか、ベストな取引ができるかを考えていきます。でも、なぜそんなことを考えなければいけないのでしょう？

それは、資源が「有限」だからです。経済学ではこれを「稀少（稀少性)」と表現します。分かりやすい例で言うと、石油や天然ガスの埋蔵量には限りがありますね。無限に掘れるわけではありません。また、みなさんが労働者として働ける時間も「有限」です。そしてもちろん、みなさんが使える「お金」も有限です。つまり経済学では、全て資源は有限であるという前提の元に、理論が展開されているのです。

みなさんの生活で「使う」ものは、どんなものでも有限なんです。だから、その限られた資源を活用して、ベストな結果を得るためにはどうすればいいか、を考える必要があるのです。

「ものには限りがあるって、当たり前の話だよね」

「資源は有限」というと、当たり前じゃないか、と感じる方も多いと思います。しかしこのポイントは経済学を理解する上で非常に重要です。次に説明する「トレード・オフ」や「機会費用」は、この「稀少性(資源が有限であること)」がベースになっています。

【経済学の考え方 その2】資源は有限だから、片方しか選べない ～トレード・オフ

資源は限りがあると、「好きなものを全部選べない」「やむを得ず片方を選ぶしかない」という事態に直面します。これを経済学では「トレード・オフ」といいます。あらゆる資源が有限なので、わたしたちは常に「トレード・オフ」を意識しなければいけないんです。

たとえば、みなさんが持っている所持金は有限ですね（経済学では、お金も「資源」です)。仮に1万円持っているとしましょう。その1万円で、飲み会に行ってしまうと、今週末発売のゲームソフトが買えなく

なります。

つまり、飲み会に行くか、ゲームソフトを買うか、どちらかしか選べないわけです。経済学的に表現すると、「飲み会とゲームソフトはトレード・オフの関係にある」といいます。

他にも、「休みを多くとれば、その分給料が安くなる（休暇と給料がトレード・オフになっている）」「A商品を発売したら、B商品の開発は後回しにしなければいけない（A商品とB商品がトレード・オフになっている）」という例もあります。

みなさんも身の回りを見渡しただけで、驚くほど「トレード・オフ」が存在している（直面している）ことに気が付くと思います。このように、わたしたちは常にこの「トレード・オフ」に直面しているわけです。そしてこの「トレード・オフ」を意識するというのが、【経済学の考え方 その2】です。

また「二者択一」に限らず、「選択肢はいろいろあっても全て選ぶことはできない」ということを、経済学では「制約」と呼びます。そして、経済学では、特に「お金（予算）」と「時間」の制約に注目しています。このふたつは、あらゆる場面で必要となる「資源」なので、特に重要なのですね。

【経済学の考え方 その3】選ばなかった選択肢は「コスト」と考える ～機会費用

普通、「コスト」というと、「そのものにかかった費用」を考えます。つまり、「飲み会のコスト」は、飲み代で払った「3000円」「ゲームソフトのコスト」は、そのソフト代です。これが通常の考え方です。

ところが、経済学ではそう考えません。経済学では、「選ばなかった選択肢」を「違うものを選ぶために、諦めた」と考えます。そして、「諦めた選択肢の価値」もコストに含めて考えます。このような「諦めた選択肢の価値」を「機会費用」といいます。これが【経済学の考え方 その3】です。

「なぜそんな考え方をするの？」

たとえばこういうことです。A商品かB商品かどちらかしか生産できない時に、社長が「A商品を生産する！」と決めたとします。A商品の生産コストは100万円でしたが、もし同じ材料でB商品を作っていれば、1億円の売上が見込めました。そうすると、A商品を生産するために、「1億円の売上」を諦めているわけです。つまり「1億円失った」わけです。

だから、その「A商品を生産するのにかかるコスト」には、実際にかかった「100万円」に加えて、B商品を選んでいれば見込めたはずの「1億円」も含めて考えなければいけません。そう考えないと「ベストな判断」ができないんです。

経済学でそういう考え方をしているのは、物事に「優先順位」をつけるためなのです。「ベストな選択（資源配分）」をするためには、「他の選択肢の価値」も考慮して、優先順位をつけなければいけませんね。「機会費用」を意識することで、自分の判断が本当にベストなのか、「みすみす『大きな魚』を逃がしていないか」が明らかになるのです。

普段から「機会費用」を意識している人は多くないと思います。でも、効率的な資源配分をするために、さらにビジネスで「賢い判断」をするためには絶対必要な考え方です。なぜなら会社が持っている資源も「有限」で、「優先順位」をつけることが重要だからです。

いくら「やった方がいい」仕事でも、予算がない、人員が足りない、時間がない、という理由でできないことはよくあります。それを考えずに「やった方がいい！ 今すぐやろう！」というのは、賢い判断ではありませんね。

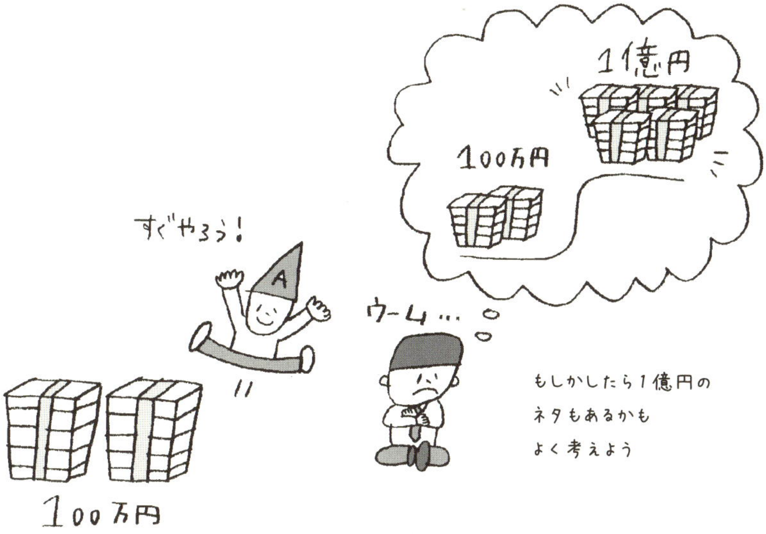

このように経済学では、あるものを選ぶ時には、目に見える直接的な費用だけでなく、選ばれなかった他の全ての選択肢を犠牲にしたものを「機会費用」と呼んで、「費用」として考えています。

【経済学の考え方 その4】過ぎてしまったものは無視する ～サンクコスト

今の「機会費用」とは反対に、日常生活では「費用」と考えて重視しているものでも、経済学ではそう扱わないものがあります。それは「サンクコスト（埋没費用）」と呼ばれるものです。

「サンクコスト」とは、「もう支払ってしまって、どうがんばっても返ってこない費用」のことです。「今からではどうしようもない過去の出来事」なのです。そんな過去に囚われていると、ベストな判断ができなくなります。なので、「過ぎてしまった過去」である「サンクコスト」は無視することが必要なのです。これが【経済学の考え方 その4】です。

たとえば、新商品のために、今まで開発費などで1億円を投資してきたとしましょう。でも、発売直前になってライバル会社が、もっと性能が高くてもっと安い商品を先に出してしまいました。ライバル会社の商品に勝てる見込みはなく、この会社は新商品を売り出しても、採算が取れそうにありません。

新商品を発売すれば、損をするわけですから、「せっかくここまで頑張ってきたんだから」「今まで1億円も投資したのだから」、という理由で商品を発売するのは合理的ではありませんね。たしかに過去に投資した1億円はもったいなく感じますが、いずれにしても「返ってこないお金」なので、この1億円に囚われてはいけません。

経営学でも「ゼロベース思考」という考え方がありますが、これもサンクコストを無視して、「過去をリセットして、今ベストなことをしよう」という理念です。やはりサンクコストは無視すべきなのです。

「本当にそうなの？ 今までの努力や費やしてきたお金を無視するのがベストとは思えないんだけど」

その感情は理解できます。でも、こういうイメージをしてください。たとえば、みなさんが夏休みを取ってハワイに旅行に行ったとします。ハワイに行ってビーチに行くことを楽しみにしていました。ところが、ホノルルに着くと、まさかの豪雨。気温も低く、ビーチどころか、外にも出られません。

ここでわたしたちが考えるべきことは「ビーチは諦めて、雨でも楽しめるところに行く」ということではないでしょうか？ もちろん感情的には、かなり凹みます。せっかくの休みに高いお金を払ってハワイまで来たわけですから、簡単に諦められることではないでしょう。でも、「せっかく来たんだから」といって、どしゃぶりの雨の中、ビーチで横になりますか？ 全然楽しくないですし、風邪をひいてしまうかもしれません。

わたしたちがすべきなのは、「高い旅行代金を払った」とか「長いフライトで疲れた」という過去（サンクコスト）に囚われず、今ベストだと思えることをすることです。それがベストな判断をするためのポイントなんです。

【経済学の考え方 その5】微調整しながら「ベスト」を探す～微分

私生活でも仕事でも、判断が難しいのは、「何をやるべきか」ではなく、「どのくらいやるべきか」です。つまり、「仕事をした方がいいかどうか」「勉強した方がいいかどうか」という「『100』か『0』」かの質問には比較的簡単に答えが出せます。

でも、「どのくらい仕事をすべきか」「受験勉強は1日6時間すべきか、8時間すべきか」と聞かれると、とたんに答えが難しくなりますね。でも、大事なのはこっちの方なんです。

仕事や勉強をしなければいけないのは分かっています。でも、一睡もせずに24時間続けるのがよくないということも分かります。では、いったいどのくらいが「ベスト」なのでしょうか？

経済学では、その「ベストなポイント」を見極めるために、条件を微調整しながら検証していきます。たとえばベストな仕事時間を探すためには、「7時間？」「8時間？」とおおざっぱに分析するのではなく、「7時間1分は？ 7時間2分は？？……7時間59分は？」と細かい単位で検証していくということです。

「なんでそんな細かく分析しなきゃいけないの？」

それは単純な理由で、おおざっぱな単位でしか分析しないと、「ベストな選択肢」を通り過ぎてしまう可能性があるからです。1時間単位でしか考えないと、本当は「7時間32分」がベストだったとしても、気がつきませんよね。だからです。

そしてこれが経済学によく登場する「微分」の考え方です。「微分」とは、「微細に分ける」と書きますね。つまり「微分」とは、物事を細かく分解して考えることなんです。

「え？ それだけ？？」

それだけです。

さらに言うと、微分の計算を実際できることよりも、微分を行う意味を理解することの方が圧倒的に重要です。微分を行う意味とは、今お伝えした「ベストなポイントを見つけるために、微調整して分析すること」ですね。

経済学には頻繁に数学が使われているイメージがありますが、初期段階では「+、−、×、÷」と「微分」しか出てきません。微分の意味を理解することは、経済学的な考え方を理解する上で重要ですし、またこれだけ理解しておけば当面は乗り切れるということでもあります。

【経済学の考え方 その6】「その都度・その時」を出発点として考える〜限界

今の「微分」と合わせて、ベストなポイントを探すために必要な考え方を、もうひとつ紹介します。それが「限界」という考え方です。

「限界」とは、「現時点を出発点として考えて、そこからの変化に注目する」という考え方です。

「ん？ 全く意味が分からんです」

たとえば、最初から101を選ぶのと、最初に100を選んでから、1を追加するのでは、プロセスが全く異なります。両方とも結果は「101」ですが、それを実現するためのメリットやコストが違うんです。

最初は「100」でも「101」でも、どっちでも簡単に選べるでしょう。でも、かといって、100を選んでしまった後に1を追加するのが簡単とは限りません。

たとえば、みなさんがラーメン屋さんだとします。1日の初めに材料を仕入れて、100人分用意します。この時点では、1人分多く用意することは簡単です。しかし、仕入れが終わって店に帰ってきた後で、「やっぱり1人前追加したい」と思ったら、もう1回仕入れ先まで行かなければならず、大変です。「100人分の仕入れが終わって帰ってきてしまった時点」を「出発点」として考え、その時点から1人前を追加すべきかどうかを考えるのが、「限界」の考え方なのです。

そして仮に結果として「今日は101人前仕入れるのがベスト」だったとしても、だからと言って、絶対に「1」を追加して101にすべきとはならないんです。

「なんで、こんな考え方をするの？？」

それは、途中で変更することを前提にしているからです。最初は「100人分がベストベスト」だったとしても、途中で外部事情が変わって、「101人前がベスト」になりました。この時に「最初から101人前にしておけばよかった」と後悔しても意味がありません。

ここで考えるべきことは、「今からでも1人前追加するべきかどうか？」です。だからこの「限界（その都度・その時を出発点として考える）」という考え方が必要なんです。

「どういう場合は途中変更すべきで、どういうケースだとすべきじゃないの？」

それは、「変更するために、その時点からかかる費用・デメリット」と「その時点から得られる利益・メリット」を比べることで明らかになります。この時に利益・メリットが大きければ変更すべき、費用・デメリットが大きければ、変更すべきじゃない、ということになります。これが【経済学の考え方 その6】です。

これは経済学で重要な考え方です。繰り返しになりますが、それは、経済学では「途中で変更すること」を前提にしているからです。

たとえば会社を作る時、最初からベストな生産量や従業員の数などを全部決められるとは限りません。また時代とともに、ベストな条件が変わってくることはよくあることです。つまり企業はベストな生産条件で商売をするために、常にいろいろ変更していかなければいけないのです。

しかしここでややこしいのは、最初から決めておけば簡単だったことが、現時点では難しくなったり、費用が高くついたりするということです。

ここで「最初からそっちにしておけばなぁ」と後悔しても意味がありません。自分の現状を前提にして、そこから何をすべきかを考えなければいけないわけです。

そこで必要なのが「その時点から行動した時の利益・メリット」と「その時点から行動した時の費用・デメリット」を比較して判断するという「限界」の考え方なのです。

【経済学の考え方 その7】メリットが変われば、行動が変わり、結果が変わる～インセンティブ

経済学で考える時、個人も企業も、自分の希望に従って行動します。誰でも「したいように、する」ということです。反対に考えると、「こうなりたい」「こうしたい」「これがほしい」という動機や「きっかけ」があるから、行動するわけです。その動機や「きっかけ」を経済学用語で「インセンティブ」といいます。経済学では、「インセンティブがあるから人間は行動する」「人間の行動の背景には必ずインセンティブがある」と考えています。

たとえば、貯めておいたアルバイト代で洋服を買いに行くとしましょ

う。この場合も無限には買えません。ほしいものをいくつか選ぶ必要があるわけです。スカート、ワンピース、ニットなどたくさん並んでいましたが、悩んだ結果ワンピースを買いました。

でも、なぜワンピースを買ったのでしょうか？ 安かったから？ カワイイ色だったから？ 雑誌に載っていたから？ いずれにしても、みなさんが「ワンピースの方がいい」と判断した背景には、何か理由があるはずです。その理由が「インセンティブ」なんです。そして、その理由に基づいて決めることを「インセンティブが働く」という言い方をします。ワンピースだけがセールで半額になっていたら、これはワンピースを買う大きな理由、つまりワンピースを買うインセンティブになります。また雑誌で「今年はワンピースが流行る！」と書いてあったら、ワンピースを買いたくなります。これもインセンティブです。

このように、「これをする！」「これを買う！」というみなさんの行動の背景には、様々なインセンティブが存在しています。インセンティブを理解することは、人がどんな行動をするかを理解する上で非常に重要なんです。

「それは分かるけど、結果論でしょ？ 何が重要なの？」

たしかに、このように書くと、インセンティブは、みなさんの行動に後から理屈をつけているだけのように聞こえます。「みなさんはワンピースを買いました。それはワンピースを買うインセンティブがあったからです」と言われているだけで、何が重要なのかよく分かりません。

でもインセンティブを知ると、人々の将来の行動を「思い通りに」変えることができます。催眠術をかけるように、相手を自分の思い通りに動かしてしまう、そんな力も持っています。

居酒屋の店長さんが、アルバイトのみんなにもっとマジメに働いてもらいたいと感じていたとします。ひとりひとり呼んで、お説教をする手もありますが、「マジメに働きなさい」と言っても、全員に効果があるとは限りません。

そこで店長さんはアルバイトの給料を「時給」ではなく、「生ビールの注文数」で計算することにしました。各自がお客さんから受けた「生中」の数を、バイト代に反映させようというわけです。こうすれば、マジメに働いた人はたくさん給料をもらえて、サボっていた人は給料が少なくなります。アルバイトも、たくさん給料がほしければ、積極的に「生中」を売り込み、一生懸命働くようになります。つまり、店長さんはアルバイトがマジメに働くようになるインセンティブを給料体系に組み込んだのです。

これにより、何も言わなくても、店長さんの「思い通り」に、みんな一生懸命働くようになり、店長の目的は達成されました。このように、インセンティブに変化があると、その結果として人の行動が変わるんです。

「ほぅ！ それはすごいね！」

ただし、場合によっては、望んでいない結果を引き起こすこともあるので、注意が必要です。

店長さんは「生中の数」を基にアルバイト代を決めています。とすると、アルバイトからすれば、「生中」以外の注文を取っても、給料は増えないことになります。お客さんに「生中いかがですか～？」と売り込みに行くのはいいことですが、生中を注文しないお客さんをないがしろにする恐れもあります。「え……？ お客さん、サワーですか？ チッ、なんだよ……」という光景が目に浮かびます。これは必ずしもお店にとって、店長さんにとっていいことではありませんよね。

制度やルールを作る時には、どのようなインセンティブが働くかを考えなければいけないわけです。そして絶妙なインセンティブを設定できれば、「望ましい方向」にみんなを誘導することができるのです。

【経済学の考え方 その8】やればやるほど効果は小さくなっていく ～収穫逓減の法則（収益逓減の法則）

個人にしろ、企業にしろ、人間が行動する背景にはインセンティブがあります。そして、そのインセンティブの背景には何かしらの「メリット」があります。つまりそのメリットを追い求めて行動しているわけです。

でも、同じように行動しても、得られるメリットは徐々に減ってきます。それを「収穫（収益）逓減《ていげん》の法則」といいます。「逓減」とは「だんだん減る」という意味です。つまり「収穫（収益）がだんだん減っていく」という法則です。

「ん？ どういうこと？」

たとえば、みなさんが試験勉強をする時のことを考えてください。みなさんの勉強時間とテストの点数を見比べると、こういう結果になりました。

勉強日数	得点数	1日増やして得られる追加点数
0日	30点	―
1日	50点	20点
2日	65点	15点↓
3日	75点	10点↓
4日	80点	5点↓

勉強日数が長くなればなるほど、得点は上がっていきます。でも、「1日分」の効果は、どんどん減っていますね。勉強期間を「0日→1日」にした時は、20点もアップしました。でも、「3日→4日」にした時は、5点しかアップしていません。行動としては同じなのに、得られるメリット（得点）が減ってしまっています。これが「収穫（収益）逓減」ということです。

ビジネスでも同じようなことが言えます。売上を増やすために、何か施策を実施します。みなさんのチームは何度も打合せをして10個の案を検討しました。ただし、人員も限られているので、10個全てを同時に行うことはできず、ひとつずつ着実に実行していくことにしました。

ここで質問ですが、10個の施策のうち、どれから実行しますか？

「そりゃ、一番いい案からでしょ」

そうですね。売上が上がりそうな案から順番に実行していくことになるはずです。だとすると、仮にみなさんの想定が正しかったとしたら、最初の施策の効果が一番高く、徐々に施策の効果が減ってくるはずですね。どの施策も同じように一生懸命実行するはずですが、効果はどんどん小さくなっていきます。これも「収穫（収益）逓減」の例です。

経済学では、あらゆる場面でこの「収穫（収益）逓減」を意識していきます。

まとめ

ベストな資源配分をするための考え方

【経済学の考え方 その1】全ての資源は有限である〜稀少性

【経済学の考え方 その2】
資源は有限だから、片方しか選べない〜トレード・オフ

【経済学の考え方 その3】
選ばなかった選択肢は「コスト」と考える〜機会費用

【経済学の考え方 その4】
過ぎてしまったものは無視する〜サンクコスト

【経済学の考え方 その5】微調整しながら「ベスト」を探す〜微分

【経済学の考え方 その6】「現時点」と比較して考える〜限界

【経済学の考え方 その7】
メリットが変われば、行動が変わり、結果が変わる〜インセンティブ

【経済学の考え方 その8】
やればやるほど効果は小さくなっていく〜収穫逓減の法則

世の中の仕組みが分かる経済学の考え方

【経済学の考え方 その1】～【経済学の考え方 その8】は、個人がどうやって効率的な判断をしているか、もしくはすればいいか、その背景にある原則でした。でも、冒頭で説明した通り、わたしたちは一人で生きているわけではありません。周りの人と、場合によっては、電話やインターネットを使って会ったことのない人と取引をして生きています。

つまり、ある人が決めたことは、その周りの人にも少なからず影響を与えているんです。逆にわたしたちも、嫌でも周りから影響を受けてしまうわけですね。なので、今度は「他人との関係」も視野に入れて考えていきます。経済がどういう状態であれば全体として効率が良くなるか、についての原則です。

【経済学の考え方 その9】取引はお互いにメリットを生む

ここまで、どうすれば自分はベストな判断ができるかを考え、いわば利己主義的に（自分のことだけを考えて）行動していると説明してきました。

ただ、そのように説明すると、みんなが自分勝手に単独行動しているようなイメージを持つかも知れませんね。でもそれは違います。経済では誰も一人では生きていかれません。他人と協力しているからこそ、みなさんの生活は豊かになり、便利になっていくのです。

「そういう場合もあるかもね」

これは「そういう場合もある」ではなく、経済学では「他人と取引した方が、絶対に豊かになる」と考えています。社会全体で見ると、取引をすることは必ずメリットになるのです。

たとえば、海辺に住んでいるAさんと、山奥に住んでいるBさんがいます。Aさんは船乗りで、海に出て魚を捕るのが得意ですが、陸に上がると全く狩りがうまくいきません。一方、Bさんは得意の弓矢でイノシシをしとめるのが得意ですが、海が怖くて魚釣りはできません。

この2人が別々に生活して、取引をしなかったら、どうでしょう？ Aさんは毎日魚、Bさんは毎日イノシシを食べて生活するしかありません。でも、もし2人が取引をして、お互いが持っているものを交換したら、どうなりますか？ Aさんは山に行かなくてもイノシシ鍋が食べられる、Bさんは海に近づかなくても魚を食べられるのです。非常にメリットが大きいですね。

**「それはそうだけど、中には、両方できる人もいるよね？
その人は取引しなくても、自分で魚もイノシシも捕れるよ？」**

おっしゃる通りで、普通は、みんないろんなことができます。でも結論から言うと、その時でもお互い協力して取引をした方がいいんです。

この場合、「お互いに自分が得意なことに集中（特化）して、あとで交換すればいい」のです。両方できると言っても、人間には得意・不得意があります。うまくできるものもあれば、がんばってもなかなかできないものもあります。取引ができない自給自足の生活では、得意・不得意に関係なく全部自分でやらなければいけません。でも、苦手なものは時間だけかかって、思うような成果が出ませんね。

「苦手分野はストレスたまるよね」

だから、それぞれが「得意なもの」だけに集中するんです。そして、できあがったもの（収穫できたもの）を２人で分け合えば、いい仕事分担になって、お互いにメリットがあるわけです。

【経済学の考え方 その10】みんなが市場で自由に決めるとベストな結果が生まれる～「神の見えざる手」

ＡさんとＢさんの２人だけで考えると、非常に単純な取引ですが、実際の世の中はそんなわけにはいきません。日本だけで考えても、大勢の人がいて、無数の商品があります。「自分の得意分野に集中して、あとで交換する」という方法が効率的だったとしても、誰が何を担当するのか、どうやって決めればいいのでしょう？

「王様とか、総理大臣が決める？」

王様や総理大臣が国民の分担を１人で全部決めるのは大変すぎですが、それと似たような決め方もありますね。それが「社会主義経済」です。社会主義経済では、国（政府）が誰が、何を、どれくらい生産するかを決めていたわけです。

でも、それではうまくいかないということが分かってきました。そしてロシアや中国など、かつて社会主義経済を採用していた国々は、制度を変更しました。

どう変えたかというと「市場経済」に変えたんです。「市場経済」では、取引をしたいと思っている人たちが自由に集まり、自由に交渉して取引をします。一部の「すごく頭がいい人」が決めるより、みんなが集まって自由に決めた方がうまくいくというわけです。経済学でも「みんなが市場で自由に取引するとベストな結果になる」と考えています。

ただし、王様や総理大臣と違って、「みんな」は、社会全体のことは考えていません。みなさんが野菜や魚を買うのは、「自分が買わないと日本で野菜と魚が余ってしまうから」ではないですよね。単純にみなさんがほしいから買うんです。つまり、自分のメリットを考えた結果なんです。これを経済学では「利己主義的行動」といいます。

みなさんは自分の利益だけを考えて行動しています。でも、その結果、社会全体で見てもベストな結果が生み出されるのです。これは有名な「神の見えざる手」の理屈です。それぞれが勝手に自分の利益を追求すると、まるで神様が人間には見えない手でうまく調整してくれて、社会全体でも望ましい結果になる、という意味ですね。

【経済学の考え方 その11】やがて落ち着く場所があり、外部から力が加わらなければ動かない～均衡

経済を市場に任せると、「神の見えざる手」が働いて、やがて「ちょうどいい場所」に落ち着きます。経済学ではその場所を「均衡点」と呼びます。つまり、市場に任せていれば、やがては均衡点に落ち着くのです。

均衡点は、「ちょうどいい場所」なので、不満に感じている人がいません。だから、誰もその状態を変えたいとは思っていません。均衡点から離れるような力学は働かないのです。たとえば、U字形のレールの上でビー玉を転がすと、ゆらゆら揺れて最終的には、底で止まります。そ

して、外部から力が加わらない限り、ビー玉はその場所にとどまり続けます。均衡点とはそんな場所のことです。

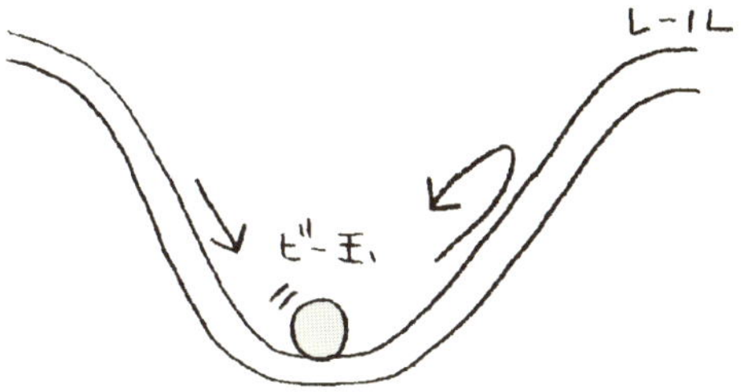

仮に外部から何らかの力が加われば、均衡点から外れることもあります。ただし、そうなってもまたビー玉はゆらゆら揺れて、やがて再び均衡点に戻ってくるのです。

「長い目で見れば、ちゃんとベストな場所に落ち着くってことだね」

いえ、「ベストな場所」とは言っていません。この均衡点が望ましい場所かというと、そうとは限らないんです。均衡点というのは、需要と供給のバランスが取れているだけで、需要も供給も1万個でバランスしている場合もあれば、100個でバランスすることもあり得ます。仮に「100個」が均衡点だったとしたら、放っておくと取引量は「100個」になってしまいます。

それが嫌だったら、政策を実行したり、規制・ルールを変更するなど、その市場に外から力を加えて、均衡点の場所を変えるしかありません。

「均衡点の場所を変える？？ どうやってやるの？」

それは時と場合によって変わりますので、後ほど説明します。今の段階では、「放っておくと均衡点に落ち着く。その場所が好ましくなかったら均衡点の場所自体を変える施策が必要」ということを理解してください。

【経済学の考え方 その12】市場経済も時にはうまくいかないこともある～「市場の失敗」

さっき説明したように、「誰が、何を、どれだけ生産するか」は、一部の人が決めるより、取引をしたい人が市場に集まり、自由に決めた方がいい結果になります。「市場経済」の方が優れた結果になるんです。

でも、市場で決まったことが、どんな時も、絶対に正しいか、好ましいかというと、そうでもありません。みんなが市場で決めたことなんですが、「好ましくない結果」になることもあるわけです。それを経済学では「市場の失敗」と呼んでいます。

「市場の失敗」とは、簡単に言うと「みんなが自由に売買した結果、社会全体で見てベストな状態ではなくなること」です。

何が「ベストな状態」じゃなくなるかというと、「取引量」と「価格」です。たとえば、パソコンの取引量と価格を考えてみます。仮に、日本全体で考えて、パソコンは「10万円で年間100万台売れるのがベスト」だったとしましょう。通常は、市場の原理に任せていれば、自然と「10万円で100万台」取引されます。

でも、「市場の失敗」が起こると、80万台しか生産されない、もしくは130万台も売買されてしまう、という状態になるんです。また、それに伴い値段も変わります。パソコンが80万台しか生産されなければ、

「供給量」が足りず、値上がりして12万円くらいになります。反対に130万台も生産されると、「供給量」が多すぎて、たとえば8万円に値下がりするでしょう。

このように、「市場の失敗」が起こると、社会全体で見た「ベストな取引量」と比べて、多すぎたり、少なすぎたりしてしまう。さらに、商品の値段も「ベストな価格」よりも安すぎ・高すぎになってしまうのです。

「なんでそうなっちゃうの？『神の見えざる手』は働かないの？」

みんなが公平に交渉できて、公平に取引ができる場合は、ちゃんと「神の見えざる手」が働きます。でも、もし一部の人の意見が、聞き入れられなかったり、逆に発言権が強すぎると、市場の機能がうまく働かなくなってしまうんです。

たとえば、「公害」です。日本でも高度成長期に公害が多発しました。加害者である工場が利益を上げる一方で、地元住民が被害を受けていたわけです。本来なら、工場と地元住民が市場で「取引」を行い、工場は環境をきれいに戻さなければいけません。でも公平に交渉ができなかったため、公害が発生してしまいました。
公害を起こしている工場は、街をきれいにする費用を負担せず、その分安く商品を作って、その分多く利益を上げていたわけです。

また、かつてのマイクロソフトのように、その分野で圧倒的な力を持っている企業がいても、「市場の失敗」が起こる可能性があります。商品を独占している企業は、生産量をわざと減らし、値段を吊り上げ、余分に儲けようとします。社会全体で見れば、もっと商品を作ってくれればメリットが大きくなるのに、「一部の人」の発言が強く、公平な交渉・取引ができないため、「市場の失敗」が起こるのです。

「なんだか、嫌だね。どうにかならないの？」

そこで政府の出番です。「市場」に任せておくと、うまくいかないことは、政府が外から調整するんです。基本的には、「市場」で出た結論が社会全体で見てもベストな状態になっていますが、そうならない時は、政府が状況を改善させることができます。原則的には市場を信頼していますが、同時に市場は万能ではない、外部から調整を加えなければいけないということも想定しているんですね。これが経済学の考え方です。

まとめ

世の中の仕組みが分かる経済学の考え方

【経済学の考え方 その9】取引はお互いにメリットを生む

【経済学の考え方 その10】みんなが市場で自由に決めると、ベストな結果が生まれる〜神の見えざる手

【経済学の考え方 その11】やがて落ちつく場所があり、外部から力が加わらなければ動かない〜均衡

【経済学の考え方 その12】市場経済も時にはうまくいかないこともある〜市場の失敗

「価格」が果たしている重要な役割

ここまでで、個人の意思決定に関する原則、他人との関係についての原則を説明してきました。でも、個人個人がベストな判断をしても、それがうまくかみ合わなければ、社会全体として「ベストな結果」にはなりません。じつは、その「つなぎ役」をしているのが「価格」なんです。

●【経済学の考え方 その13】足りないものは値上がりし、余っているものは値下がりする

多少失敗があるものの、基本的には「市場」に任せておけば、ベストな結果になります。「神の見えざる手」でしたね。でも、このままだと「神の見えざる手が働くから、経済がうまくいく」という説明になってしまいます。「見えざる手」は比喩で、実際に神様が調整しているわけではありません。実際に、世の中の資源配分をコントロールしているものがあるはずです。じつはそれが「価格」なんです。

「価格が、資源配分を調整している？？」

そうです。どういうことか説明します。たとえば、「水」と「ダイヤモンド」を思い浮かべて下さい。ここでみなさんに質問です。人間が生きていく上で、「ダイヤモンド」と「水」はどちらが重要でしょうか？

「もちろん『水』」

そうですね。水がなければ人間は数日で死んでしまう可能性もあります。水は人間にとって非常に有益なものなんです。一方、ダイヤモンドがなくても、ほとんど生活に支障がありません。もちろん、無いよりある方がいいと思いますが、実際にみなさんの生活の役には立っているか

というと、そうではありませんね。

では続いて2番目の質問です。「ダイヤモンド」と「水」はどちらが高いでしょう？

「そりゃ、ダイヤだよ」

そうです。普通の状態だったら、「ダイヤモンド」です。同じ量を比べたら何億倍もダイヤモンドの方が高いです。

ここで、不思議に思います。なぜ非常に役に立つ「水」より、役に立たない「ダイヤモンド」の方が価格が高いのでしょうか？ 普通は、より役立つものの方に、消費者は高いお金を払います。その理屈で考えると、水の方が高くなるはずなんです。

ここにモノの「価格」が果たす重要な役割があります。それは「モノの貴重さを表す」という役割です。つまり、そのモノがどれくらい「足りないか／余っているか」を教えてくれるんです。そしてダイヤは水よりも貴重だから価格が高いのです。

足りないモノは価格が高くなり、余っているモノは価格が安くなるわけです。さらに言うと、たくさん売りだされていたとしても、それ以上に「ほしい！」という人が多ければ、足りなくなりますね。ワールドカップのチケットなども、大量に売りだされていますが、それ以上に需要があるので、「足りない状態」になり、値段が上がっていくんです。

ここで大事なのは、「人気があるものが値上がりする」「人気がないから値下がりする」のではない、ということです。大人気商品でも、それに伴ってたくさん供給されていれば、値段は上がらないのです。あくまでも「足りないものが値上がり、余っているものが値下がり」なんです。これが重要です。

【経済学の考え方 その14】価格が自動的に資源の節約をする

価格が果たしている重要な役割にはもうひとつあります。それは「価格が足りない資源を節約するように仕向け、その豊富な資源で代替するように、自動的に仕向けている」というものです。

価格が変わると、買う量が変わりますね。みなさんは予算内で買う量を決めなければいけませんから、価格が高くなった商品は今までより買いづらくなります。たとえば、リンゴの価格が高くなったら、買う量が減りますね。

つまり、より貴重になった商品は、買いづらくなり、結果としてあまり消費されなくなる（「節約」される）ことになります。「価格」はその商品が「たくさんある」「少ししかない」ということを伝えていると同時に、みなさんが買う量（消費量）も自動的に調節しているんです。

誰も管理していないのに、価格が変化するだけで、たくさんあるものはたくさん消費され、少ししかないものは「節約」されます。背景の事情がみんなに伝わって、資源がうまく配分されるのです。これが「価格の役割」です。

だから、新聞を読んでいなくても、世の中の事件を知らなくても、商品の価格を見ていれば、「今年は野菜が不作だったんだな」とか「この商品は余ってるんだな」ということが分かるんです。

まとめ

商品の価格が果たしている重要な役割

【経済学の考え方 その13】足りないものは値上がりし、余っているものは値下がりする

【経済学の考え方 その14】価格が自動的に資源の節約をする

経済学は３人登場、３つの市場、全体で見ると「相互依存」

経済学では、地球上にある、もしくはみなさんが持っている「資源」を有効に活用する方法を分析しています。

ところで、資源を有効に活用する際には、「取引」が欠かせません。取引では「売り手」と「買い手」がいるわけですが、経済学では、「企業」と「家計（個人）」の取引をメインに考えています。日本やアメリカのような「市場経済」では、基本的には「企業」と「家計」の取引で、経済が成り立っています。

このように書くと、「売り手＝企業、買い手＝家計」と捉えがちですが、実はそうではありません。この後すぐに説明しますが、「市場（しじょう）」によって企業と家計の立場は逆転します。

そして登場人物にはもう１人、「政府」がいます。実は政府も、「買い物」をすることがあり、経済に関わってきます。特に「マクロ経済学」の分野で、政府の存在感はより大きくなっていきます。

「市場」とは、「売りたい人と買いたい人が集まって、誰が何をいくらで売っていて、誰が何を買いたがっているかなどの情報が集まるところ」です。築地や、かつての証券取引所のように、実際の「場所」があるケースもありますが、なくても「市場」といいます。

そして概念上は取引をする商品ごとに「コーヒー市場」「かばん市場」「書籍市場」などができます。ただ、経済学では大雑把に「財市場」「労働市場」「貨幣市場」の３つの市場を扱います。

「財市場」は、一般的な商品が取引される市場です。家計（買い手）

が企業（売り手）から商品を買います。ただ、「一般的な商品」にも2種類あって、パン、ジュース、パソコンなど物質として形がある「財」と、宅配便、家庭教師、警備などの形がない「サービス」に分けられます。「サービス」といっても、「無料」という意味ではありませんので、ご注意ください。形はありませんが、これも「企業の生産物」で、商品です。

さきほど、「市場」という場所があるとは限らない、と書きました。この「財市場」も、そういう専用の場所があるわけではありません。単に、取引が成立した時に、ジャンル分けとして、そう考えているんです。「今日、バナナが売れたんだけど、どこで取引されたと考えようか？」「財市場にしようよ」というイメージです。

次に、「労働市場」です。「労働市場」は、働きたい人と、雇いたい人が集まって、誰が誰をいくらの給料で雇うか決めるところです。

「労働力」とは、「労働者に働いてもらうこと」を指す言葉です。「力」という字がついていますが、「働くための筋力」を表しているわけではありません。「労働力が豊富」と言えば、「たくさん労働者がいて、たくさん働いてもらえる状態」のことです。

「労働市場」では、企業が労働力を買い（企業が「買い手」）、家計が労働力を売ります（家計が「売り手」）。ただ、「労働力を買う」というのは、「その労働者、その人」を買うわけではなくて、「その労働者が企業のために働いてくれる権利」を買うことです。

つまり、みなさんが就職したり、アルバイトで働くと、経済学的には、みなさんは「労働力を売っている」ということになります。一方、みなさんを雇った会社やお店は「労働力を買った」ということになります。

この「労働市場」で、働きたい人と雇いたい人が給料の交渉をして、何人をいくらで雇うかが決まります。ただし、これも「財市場」と一緒で、そういう場所があるわけではありません。「アルバイトや社員の雇用契約はどこでされたことにしようか？」「労働市場にしようよ」というイメージです。

そして最後に「貨幣市場」です。「貨幣市場」は単純に「お金市場」という意味です。「財市場」では「財」の取引、「労働市場」では「労働力」の取引が行われます。それと同じように考えると、「貨幣市場」では「お金」の取引がされていることになります。

「でも、『お金の取引』って何？」

それは簡単に言うと「お金の貸し借り」です。企業が商品を生産するのには、お金が必要です。会社設立当初は、社長が自分の貯金を使ってビジネスを行うこともありますが、会社が大きくなるにつれ、必要な資金はどんどん増え、自分のポケットマネーだけでは足りなくなります。そこで銀行から借りたり、投資家からお金を集めたりしなければいけないんです。

ただし、お金を借りるのも、投資家に出資してもらうのも「無条件で」とはいきません。借りたお金には利子をつけて返さなければいけません。出資してくれた投資家にも「商売がうまく行ったらこのくらいのお礼（配当）をします」と約束しなければいけません。要するに、これも「取引」なんです。そして、この「お金に関する取引」は「貨幣市場」で行われているとジャンル分けして考えます。

こう見てみると、企業と家計は、3つの市場で取引をしていることが分かります。

「財市場」では、企業が生産した財（商品）を家計が購入します。「労働市場」では、家計は「労働者」として、企業に労働力を提供します。つまり、企業が家計を雇うわけですね。「貨幣市場」では、家計が貯金したお金を、資金不足の企業に貸しています。

企業が商品を生産しても、消費者（家計）が買ってくれなければ、企業は生きていかれません。しかし一方で、家計は企業で働いて給料をもらわなければ、商品を買うことができません。そして、家計が貯金したお金を、資金不足の企業が活用できることで、経済が発展していきます。つまり、企業と家計はお互いに互いの存在が欠かせないわけです。普段の感覚だと、サラリーマン個人より企業の方が「強い」イメージがありますが、企業も個人に商品を買ってもらわなければならず、お金を借りることもあります。「相互依存」の関係になっているわけです。

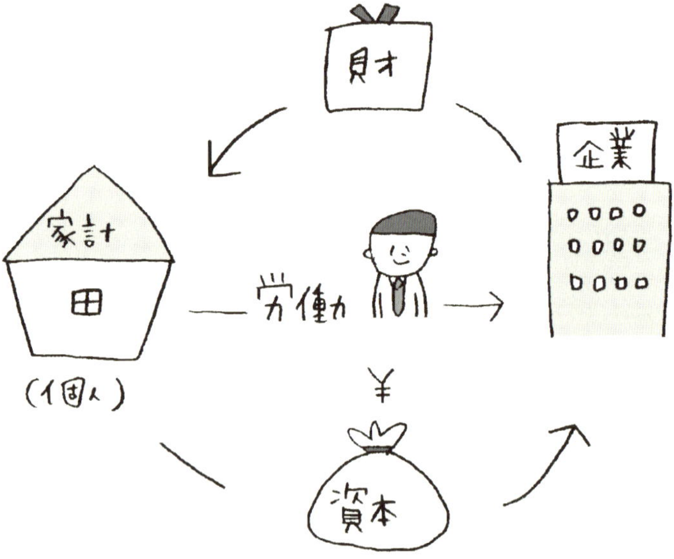

家計と企業はお互いを必要としている

まとめ

経済学の登場人物は3人（家計・企業・政府）。主に家計と企業が、3市場（財市場・労働市場・貨幣市場）で相互依存の関係にある。

第2章

大学で履修する入門ミクロ経済学

ミクロ経済学とは何か？

ここからは、ミクロ経済学を説明していきます。「ミクロ経済学」では、経済を個別の取引に分けて、細かく分析します。

「グラフがたくさん出てきて、その都度『微分』するやつでしょ？」

そうですね。確かに微分を多く使います。でも、ミクロ経済学の目的は、微分することではありません。説明の都合上、数式を使う時もありますが、数学が理解できなくても、意味が分かればミクロ経済学は十分理解できます。

なので、最初にミクロ経済学の目的を説明しましょう。ミクロ経済学の目的は、3つです。

① 個人が、自分の生活をよりよいものにするためには、自分のお金と時間をどう使えばいいか？を考えること
② 企業が、自社の利益をより増やすためには、自分が持っている資源をどう使えばいいか？を考えること
③ 政府が、国全体の「幸福度」を高めるためには、何をしなければいけないか？を考えること

大雑把に言うとミクロ経済学の目的はこれだけです。

ミクロ経済学に限らず、経済学には、「個人（家計）」「企業」「政府」の3人が登場します。それぞれが「自分の目的を達成するためには、どのように資源を配分すればいいか」を考えていきます。それがミクロ経

済学なんです。

個人の「目的」は、自分の生活を豊かにすることです。経済学では「効用を高める」といいます。みなさん個人は、働いてお金を稼ぎ、そのお金で商品を買って生活しています。普通は商品はたくさんあった方がいいですから、「全部たくさん買いたい」というのが本音でしょう。

でもわたしたちの予算には限度があります。資源(わたしたちが使えるお金)は稀少なので、AをたくさんかえばBが少ししか買えないという「トレード・オフ」があるんです。そこで、自分の生活を豊かにするために、どんな組み合わせで買ったらいいか、つまり所持金という資源をどう配分したらいいか、を考える必要があるんです。

さらに、たくさん商品を買いたければ、たくさん働かなければいけません。でもそうすると、自由時間(余暇)が減りますよね。ここでもトレード・オフに直面しているわけです。ここでは、「時間」という資源の配分を考えるわけです。

「そんなこと言われても、資源配分をどうしたらいいか、なんて厳密に考えたことないよ?」

おそらくそうでしょう。でも、なんとなくでも、決めて行動します。その感覚で決めていることを理論的に明確にしよう、というわけです。

次に、企業の目的です。企業の「目的」は、できるだけ多くの利益を稼ぐことです。これだけです。現実には、「世の中を変えたい」「みんなに喜んでもらいたい」という意図で経営されている企業もたくさんあります。でも話を単純にするために、ミクロ経済学では、「企業の目的=できるだけ利益を稼ぐこと」と理解してください。

そして、「できるだけ利益を稼ぐ」ためには、企業が持っている資源をどう配分すればいいか、を考えていくわけです。企業が持っている資源は様々ですが、ここでは再び話を単純にするために「お金」にフォーカスします。資本金（元手）をどう使えばいいかを考えるのです。より多くの商品を作るためには、人員を増やすべきか、それとも機械を導入すべきか。同じ小麦粉からパンを作るべきか、クレープを焼くべきか。

企業といえども、使えるお金は有限ですから、ここでもトレード・オフがあるわけです。だから、何をどのくらい作れば利益が一番大きくなるか、を考える必要があるんです。

そして最後に、政府の目的です。政府は、国全体の「幸福度」を高めることを目的と考えています。現実社会の政府を見ると「本当にそんなこと思っているのかねぇ」と嫌味のひとつも言いたくなりますが、とりあえずここでは、そう想定します。

「でも、国全体の幸福度って何？
漠然としてててイメージできないよ」

ミクロ経済学の登場人物は、「家計」と「企業」と「政府」でしたね。なので、国全体とは「家計＆企業」だと思ってください。政府は「家計の幸福度」と「企業の幸福度」をまとめて考えて、その合計値をできるだけ大きくしようと考えているわけです。

【経済学の考え方 その10】にもありましたが、通常、経済は「市場」に任せておけば、自動的にベストな状態になります。でも、そうならない場合がありましたね。「市場の失敗」です。その「失敗」を正すために、政府が対策をするわけです。「失敗」とは、「資源配分がベストじゃない状態」です。そこで、政府は規制をしたり、補助金を出したりして、「ベストな資源配分」に近づけようとするんです。そのために何をすればいいかを考えるんです。

まとめ

ミクロ経済学の目的は、家計・企業・政府が、それぞれ自分の目的達成のためにはどうすればいいかを考えること

第1節 家計の目的

では、ミクロ経済学の目的のひとつ目。「個人（家計）が自分の生活をよりよいものにするためには、自分のお金と時間をどう使えばいいか？」について、考えていきます。家計は、「消費者」「労働者」になりますので、それぞれのケースでの「最適な資源の配分方法」を理論的に見ていきましょう。

消費者としての家計

まずは、「消費者として」です。家計は「消費者」「労働者」「資金提供者」などいろんな「顔」を持っていますが、まず消費者として捉え、「最適な消費量はどうすれば分かるか？」を考えます。

わたしたちが「一番いい買い物をしたい」と思いつつお金を使う時、わたしたちの頭の中ではどういう流れで思考が進んでいるのか、を考えていきます。

これだけ聞くと非常に単純そうですが、そうでもありません。というのは、「一番いい買い物」というのは、外部の条件でいろいろ変わるからです。そのため、次に「どんな条件が変わると、最適な消費量はどう変化するか？」を考えていくわけです。

ベストな買い物をするための条件

消費者にとって、「最適な資源配分」とは、「最適なお買い物」のことです。何をいくつ買うのがベストかということですね。でも、どうやって「最適なお買い物」をするか、と言われても、全くイメージできないと思います。そこで、常に「最適なお買い物」ができるＡさんを分析して、一体どんな考え方で買い物をしているか調べてみることにします。

人間には、好みがあります。うどんよりラーメンが好き、ビールより焼酎が好きなど。経済学ではその「好み」のことを「選好」と呼びます。最近は、世の中にモノが溢れて、自分がほしいものが分からなくなることがあるかもしれません。でも、このＡさんは、自分の感情を100％把握していて、全ての商品を「ほしい順」に並べることができます。

「自分は何がほしいか」が分からなければ、何が「ベスト」かも分かりません。これは「ベストなお買い物」をするために欠かせない条件になるのです。

まとめ

【ベストな買い物をするための条件その１】
自分の選好を100％把握している

ところで、なぜ人は商品を「ほしい！」と思うのでしょうか？ それは、商品が役立つから、その商品を手に入れるとうれしい・満足するから、です。この満足感を経済学で「効用」といいます。満足感の高い商品と低い商品があれば、Ａさんは当然「高い満足感が得られる商品」を買います。

ただしここで気をつけなければいけないことがあります。それは、満足感の高い商品はその分値段も高い可能性がある、ということです。「車

1台」と「缶ビール1本」を比べたら、「車」の方が満足感が高いです。

でも、車とビールでは値段が違いますね。高いお金を払ったら、満足感が増えるのは当たり前ですから、車の方が満足感が高いからと言って、すぐに「車を買うのがベスト！」とはなりません。

「じゃあ、そのAさんは、どう考えているの？」

Aさんは、各商品の満足感を値段で割って、「1円当たりの満足感」に置き換えて比較しています。つまり「車を1円分買った時の満足感」「ビールを1円分買った時の満足感」で比較しているんです。こう考えることで、商品の価格（総額）に関わらず、ベストな判断ができるわけです。

ベストな買い物をするための条件を数学的に言うと？

商品1円当たりの満足感は

$$\frac{\text{限界効用MU}}{\text{価格P}}$$

で表すことができます。なお、限界効用は「もう1個買った時に、その都度感じる満足感」のことです。商品a、商品bの限界効用を「MUa」、「MUb」、価格を「Pa」「Pb」とすると、ベストな買い物をするための条件は、

$$\frac{MUa}{Pa} = \frac{MUb}{Pb}$$

になります。

まとめ

【ベストな買い物をするための条件その2】

商品1円当たりの満足感で比較している

ベストな買い物をするためには、「1円当たりの満足感」を比較して、満足感がより高い商品を選びます。そうすることで、限りあるお小遣いを有効に使えるわけです。

「でもさぁ、もしそうだとしたら、ずっと同じ商品を買うことになるよね？」

鋭い質問ですね。そうなんです。常に同じ基準で何を買うべきかを決めていたら、ある人は車ばっかり買うことになり、またある人はビールばっかり買っていることになります。これは直観的に考えてもおかしいですし、現実にそんな人はいません。

では、さっき説明したことが間違っているのかというと、そういうわけでもありません。ここでひとつ、重要なことがあります。「満足感はだんだん減っていく」ということです。これは【経済学の考え方 その8】「収穫逓減の法則」で説明したことと同様です。

「1杯目のビール」と「10杯目」「20杯目」は満足感が大きく変わりますよね。同じ商品は、買えば買うほど満足感が下がります。そうなると、何杯か飲んだ後に、柿ピーや焼き鳥や他の商品の方が満足感が高くなるポイントが来ます。だからビール好きでもビールだけ買っているわけではないんです。

また、同じビールでも、夏にビーチで飲むのと、真冬に一人で飲む場合とでは、満足感が全然違いますよね。同じ人でも、真夏には「ビールほしい！」、真冬には「いや、そんなほしくないかも……」という気持ちになります。その時々で買う量も変わるということです。つまり、選好（好み）が変わらなくても、買う量が変わるわけです。

ちなみに、経済学では、「もう1個手に入れた時の満足感」を「限界効用」と呼んでいます。そしてビールも「1杯目」→「2杯目」→「3杯目」と飲むうちに、だんだん「感動」が薄れてくるように、「限界効用はどんどん下がる」というのが大原則です。

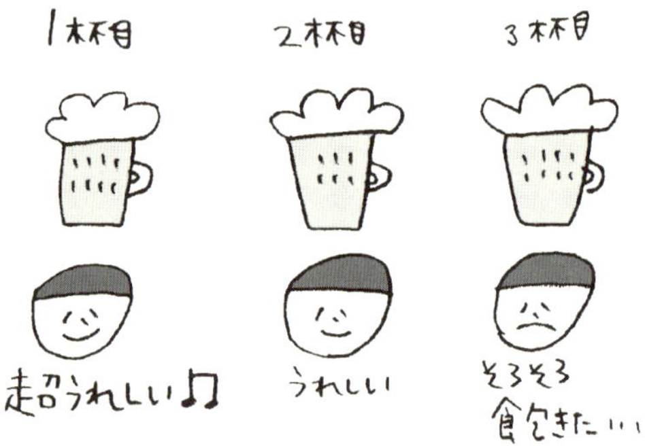

ただ、その商品から得られる満足感はどんどん下がっても、商品の値段は変わらないので、「1円当たりの満足感」が下がります。そしてやがて2番目にベストな商品bと並ぶわけです。そうなると、これからは商品aではなく、商品bを買うようになります。

「でも商品bもたくさん買うと、飽きるよね？」

その通りです。商品bを2個、3個と買っていくと、やがて3番手の商品cの「1円当たりの満足感」と並びます。そうして、Aさんは結果的に商品a、商品b、商品cを買うことになるのです。

まとめ

【ベストな買い物をするための条件その3】

商品の限界効用は下がるので、その都度他の商品と比較検討するおさらいすると、「①自分の選好（好み）を100％把握して、②商品1円当たりの満足感で比較する。商品の満足感は変化するので、③その都度他の商品と比較検討する」。この3つがベストな買い物をするための条件になります。

「最適な消費量」が変わる瞬間

このように、最適な消費量は「自分が感じる満足感」を1円当たりに直して、他の商品と比べています。そうして各自にとっての「ベストな買い物（最も効率的な資源配分）」が決まるわけです。

なので、一度買い物かごに入れた商品を全部棚に戻しても、最初から選びなおしても、同じ商品が同じ数だけ入っているはずです。Aさんの選好（好み）が変わらなければ、買う内容は変わりません。

でも、Aさんの選好が変わらなくても、「前提条件」が変われば、買う内容が変わります。

「前提条件って？？」

それは「商品の価格」と「Aさんの所得金額」です。

Aさんは、買う商品を選ぶ際に、「1円当たりの満足感」で比較しています。だから、その商品aの価格が変われば、「1円当たりの満足感」は当然変わります。価格が高くなれば、「割高」になりますので、代わりに他の商品を選ぶでしょう。逆に価格が安くなれば、割安になるのでライバル商品bを買うのをやめて、商品aを買う量が増えそうです。

このように、商品の価格が変わると、買う量が変化するんです。この商品価格が変わることで、買う量が変わること（その影響力）を「代替効果」といいます。

そしてもうひとつ。Aさんの所得金額（予算）が変わっても、ベストな買い物は変わります。というのは、たとえば所得が増えると、より多くの商品群から選べるからです。つまり今までは選択肢に入れられなかった商品も選べるので、当然判断が変わってくるのです。

「でも、1円当たりの満足感で比較してたから、Aさんの所得が変わっても影響はないんじゃない？」

いえ、そうではありません。「1円当たりの満足感」で考えた時には、そもそもその商品を買えるかどうかが考慮されていないのです。「お買い得なんだけど、高すぎて買えない」「本当はこっちがいいんだけど、お金がないから買えない」という商品もあるはずです。

たとえばAさんがハワイ旅行を計画しているとしましょう。予算が5万円しかないと、各社の格安ツアーを比較検討して選ぶことになります。格安ツアーの隣に、「限定 10組様！ オーシャンビューの○○ホテル スイートに泊まる6日間！ リムジン送迎付♪ なんと10万円！！」

というツアーがあっても、申し込めません。予算オーバーですからね。明らかにこの限定ツアーの方が、「1円当たりの満足感」は高そうですが、ダメなんです。

ところが、Aさんの旅行予算が10万円に増えたらどうなるでしょう？迷わず「限定ツアー」に申し込みますね。Aさんの所得が増えたことで選択肢が増え、「ベストな買い物」が変わったんです。

これは非常に単純な例ですが、これと同じことが、全ての商品で起こっています。だから、所得が変わると、ベストな買い物（最も効率的な資源配分）が変わるんです。

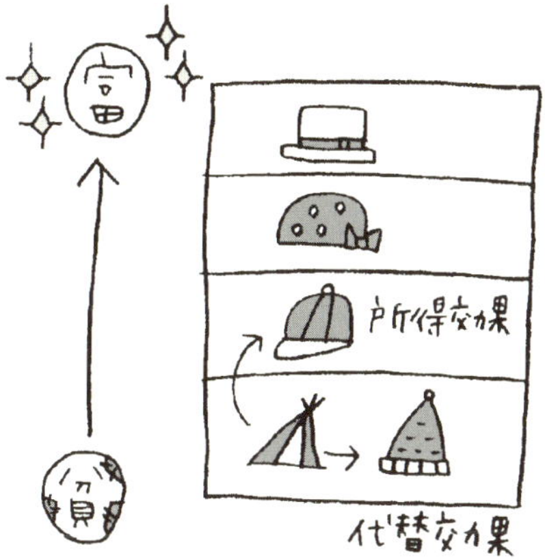

代替効果と所得効果

商品の値段が変わると、「代替効果」とは別に「所得効果」というものが発生します。たとえば商品が値下げされると、少ないお金で同じ量を買えます。つまりその分自分の所得が増えたのと同じことになるわけです。そして、所得が増えれば、商品を買う量を増やしますね。これが「所得効果」です。

それに、所得が増えると、全体的に買う数が増えます。商品は多ければ多いほど満足感が増えますから、所得が増えて余裕ができた分、たくさん買うようになるんです。

「なるほど。じゃあ所得が２倍になったら、全ての商品を２倍買うようになるんだね」

いいえ、それは違います。所得が増えたら、必ず全ての商品の消費量が増えるかというと、そういうわけではないんです。

また海外旅行の例で考えてみます。今年、Aさんの旅行の予算は全部で10万円でした。Aさんはどうしても年2回海外旅行に行きたいので、この10万円を半分ずつ使って、「格安ツアー」に2回参加していました。

でも、会社の業績がよくなり、今年はAさんのボーナスが上がりました。そして、Aさんは旅行予算を15万円に増やすことができたのです。予算が増えたので、Aさんは「限定ツアー1回」と「格安ツアー1回」に申し込みました。

ここで注意して見ると、Aさんの所得は上がっているのに、格安ツアーは1回に減っています。所得が増えた結果、消費量が減ってしまったわけですね。このように商品によっては、所得が増えたせいで消費量が減ってしまうものもあるんです。

このように、所得が増えた時に、買う量が増える商品を「上級財」、減る商品を「下級財」といいます。

Aさんが商品を買う量は、その商品の価格や自分の所得に大きく関係しているということですね。そして、この「商品を買う量」と「商品の価格」の関係をグラフにしたものが、第4節で説明する需要曲線になります。

まとめ

「商品の価格」と「自分の所得」が変わると、ベストな買い物が変わる

労働者としての家計

ここまでで、どうすれば消費者が自分の持っている「お金（お小遣い）」という資源を、効率的に使って、ベストな買い物ができるかということを考えてきました。ここからは、「労働者としての家計」について分析をします。

当然ですが、家計が買い物をするためには、労働者として企業で働かなければいけませんね。たくさん働けば、その分たくさん給料をもらえます。でも、たくさん働けばそれだけ自由な時間が減ります。とはいっても、休んでばかりいては、所得が減ってしまうので、好きな買い物ができません。

じゃあ、一体どのくらい働けばいいのでしょう？

「うーん、気が済むまで……？」

では、またここでＡさんに登場してもらいます。常に完璧な判断ができるＡさんは、どのように自分の労働時間数を決めているでしょうか？

Ａさんの頭の中を覗いてみると、こんな風に考えていました。

まず、Ａさんは、「自由時間（余暇）」と「商品a」を比較しています。つまり、「自由時間」をひとつの商品として考えて、「自由な時間」を買うか、形がある「商品a」を買うか考えているんです。これは、先ほどの消費者としての考え方と一緒ですね。消費者がベストな買い物をしようとする時と全く同じように、「自由時間」と「商品a」を比べているわけです。

そして、同じように、1円当たりの満足感を計算して、「自由時間」の満足感の方が大きければ、「自由時間」を買う、「商品a」の方が大きければ「商品a」を買う、という判断をしているんです。

「自由時間も『1円当たりの満足感』を計算できるの？」

こう考えてください。もし、自由時間をなくしてその時間に働いていたら、その時間の給料がもらえていたはずですよね。ということは、仕事を休むことで給料が減っているわけです。見方を変えると、お金を払って休みを買っているんです。だから、自由時間の価格は、みなさんの時給と等しくなります。価格が決まれば「1円当たり」も計算できることになります。

Aさんが「今は休憩（自由時間）よりも商品aがほしい！」と思えば、自由時間を減らす、つまり労働時間を増やします。反対に、「今はそれほどほしい商品がないな」と思えば、買い物を減らして自由時間を増やす（＝労働時間を減らす）わけです。

このようにして、Aさんにとってベストな自由時間が決まり、ベストな労働時間も決まるのです。

まとめ
労働者としての家計は、「自由時間」をひとつの商品と捉え、商品aと天秤にかけることで自分の労働時間を決めている

第２節　企業の目的

では、ミクロ経済学の２番目の目的、「企業が自社の利益をより増やすためには、自分が持っている資源をどう使えばいいか？」について説明していきます。

先ほども説明しましたが、企業は「自社の利益を最大限に稼ぐこと」を目的にしています。「売上」じゃなくて「利益」です。そのために、自分が使える資源（特にお金）をどう使えばいいか考えていくのです。

「利益」は「売上−費用」で計算できますね。ということは、「利益を最大にする」ためには、「売上を増やす」ということと「費用を減らす」ということを考えていく必要がありそうです。

と、その前に、この項目で前提として考えているキーワードを説明しておきます。それは「完全競争市場」と「プライステイカー」です。

「完全競争市場」では、全ての企業が「プライステイカー」

まず言葉の意味を説明します。「完全競争市場」とは、文字通り「完全な競争が成立している市場」です。これは「独占市場」などと比較して使われる言葉です。「独占市場」では、商品を売っている企業は1社しかなく、「競争」が起きていません。そのため、その独占企業は、市場で望まれているよりも供給量（生産量）を少なくして、価格を吊り上げることができます。

「独占市場」については、後ほど説明しますので、ここでは「完全競争市場」を想定します。

「完全競争市場って、どういう市場なの？？」

完全競争市場は、「売りたい人も、買いたい人も大勢いる」「売っている商品は完全に同じ」という市場のことです。

観光地のお土産屋さんを想像してみてください。観光地にはたくさんのお土産屋さんが並んでいます。そして多くの観光客がお土産を買おうとしています。

ただ、ほとんどのお店で、全く同じ商品が並んでいます。観光地の地名が入った置き物やクッキーなど、どのお店に入っても、全く同じ商品を買うことができます。これが「完全競争市場」です。お店もお客さんもたくさんいて、みんなが同じものを売り、みんなが同じものを買っているわけです。

「ふーん。これって重要なことなの？」

「完全競争市場」で重要なことは、商品を売る人も買う人も、自分で商品の価格を決められない、ということです。自分で商品の価格を決められない人・企業を「プライステイカー」と呼びます。売る人も買う人も大勢いると、「お店は自分で売る商品の価格を自分で決められない」「お客さんも価格交渉が一切できない」という状況になるのです。

「どういうこと？？」

まず、「お店が自分で商品の価格を決められない」というのは、「周りのお店と同じ価格にしなければいけない」ということです。「完全競争市場」は、「すぐ隣の店と全く同じ商品を売っている」と想定しています。全く同じ商品に隣の店より少しでも高い値付けをしたら、売れませんよね。だから、「もっと高く売りたいなぁ」と思っても、できないのです。

さらに、隣の店より安くすることもできません。なぜなら、お店はもうギリギリまで価格を下げているからです。

「なんで、もうギリギリまで価格を下げているって言えるの？」

まだお店が値下げする余裕があるとしましょう。お店は1人でも多くのお客さんに来てもらいたいと思っていますから、価格を下げてお客さんを増やしたいという欲求は常に持っています。値下げする余地があれば、1店舗くらい値下げに踏み切ってもおかしくないですよね。そして実際に1店舗だけ値下げしたとします。

でも、同じ場所で同じ商品を、1店舗だけ安く売っていると、お客さんはそのお店に集中します。そして、その他のお店では売れなくなります。こんな状況を周りのお店が放っておくはずがありませんね。競争の原理が働いて、周りのお店も負けじと価格を下げてくるでしょう。

値下げの余地があるうちは、これが繰り返されます。そして、結果として、全てのお店が「これ以上下げられない」という価格まで下がります。このようにして完全競争市場では、これ以上下げられないという価格まで既に下がっているのです。だから、「もっと安く売りたいなぁ」と思っても、できないんです。

他のお店よりも高くも売れないし、安くも売れない。つまり、お店は自分で希望する価格ではなく、周囲から影響を受けて、みんなと同じにせざるを得ないのです。

このように完全競争市場では、お店は自分で商品の価格を好き勝手に決められず、周り（市場）で決まった価格を受け入れるしかありません。お店に取引の主導権がないんですね。「決まった価格を受け入れるしかない」ので、このとき、お店は「プライステイカー」になります。

完全競争市場では、消費者も「プライステイカー」

「じゃあ完全競争市場では、お客さんに主導権があるんだ！？」

お店に主導権がないのなら、お客さんの立場が強いような感じがしますね。でもそうではないんです。完全競争市場では、「お客さんも価格交渉は一切できない」という状況になります。お客さんもプライステイカーになるんです。

「なんでよ？？」

それは、買いたい人もたくさんいるからです。

買いたい人がたくさんいるので、誰か1人が「もっと安くしないと買ってあげないよ」と言っても、お店から「別にいいですよ。買ってくれなくても。お客さんは他にもたくさんいるし」と言われてしまうのです。こうなると、お客さん一人一人には全く交渉権がなくなります。お客さんも「提示された価格を受け入れるしかない」わけです。なので、お店同様、お客さんも「プライステイカー」になるのです。

このように、完全競争市場では、商品を売る企業にも、商品を買う消費者にも価格交渉権がありません。お互いに「市場」で決まった価格に従うしかなくなるのです。

まとめ

完全競争市場では、全ての企業・全ての消費者が、価格交渉権を持たない「プライステイカー」になる。

自社の利益を最大にする方法

では本題です。「企業が自社の利益をより増やすためには、自分が持っている資源をどう使えばいいか？」について説明していきます。

企業が利益を増やすためには、ふたつの方法があります。ひとつは、「売上を増やす」、もうひとつは「費用を減らす」です。だから、このふたつのポイントを分析すれば、どうすれば利益を最大にできるかも分かりそうです。

売上を増やす

まずは「売上を増やす」です。企業が自分の売上を増やすためには、どのように持っている資源を配分したらいいでしょうか？

ただ、漠然と「どうやったらいいか」と言われてもイメージするのが難しいので、またモデルに登場してもらうことにします。ここに常に完璧な資源配分ができる経営者「松下宗一郎」という方がいますので、この松下宗一郎さんが何に注目して、どう判断しているか見てみましょう。

ただし、ここでは企業は「完全競争市場」にいる前提で話をします。つまり、自分と全く同じ商品を売っている企業が大勢いて、お客さんも大勢いるといます。そして企業は「プライステイカー」になるので、自分で商品の価格を変えることはできません。その前提でこの先を読んでください。

「企業が自分の商品の値段を上げられないと、どういうことになるの？」

まず、売上金額がどう決まるかを考えてみてください。売上の金額は、「商品の価格×販売個数」で決まります。ここで価格を自分で変えられないとすると、「値上げ」して売上を増やすという選択肢はなくなるわけですね。売上を増やすには、「販売数を増やす」か「もともと高く売れる商品を選ぶ」か、が必要になります。

「じゃあ、値段が高い商品をたくさん作れば売上が増えるって考えていいんだね」

その通りです。同じ材料を使って生産する場合、高く売れる商品を作った方が売上が増えます。たとえば小麦粉を使ってパンとクレープを作ることを考えてみましょう。同じ量の小麦粉を使ってパンが1個100円、クレープが1個300円だったとします。そうなると、パンの代わりにクレープをひとつ作れば、200円だけ売上を増やすことができます。

「じゃあ、ひとつと言わず、持っている小麦粉を全部使って、クレープを焼けばいいね」

ところが、そこまで単純にはいきません。もし「全部クレープを作った方がいい」のであれば、世の中からパンは消えてしまうことになりますが、実際にはそうなっていませんね。

なぜかというと、同じ量の「資源」を投入しても、企業が生産できる数が減ってくるからです。【経済学の考え方 その8】で説明した、「収穫逓減の法則」を思い出してください。

原材料（小麦粉）を置いておけばパンやクレープが自動的に出来上がるわけではなく、社員やアルバイトが、キッチンで、原材料を使って商品を作っています。でも全員が同じように上手に生産できるわけではありません。

企業が最初にクレープを作ろうとすると、社員の中から、一番クレープ作りが得意な人が、一番やりやすい場所や設備を使って作ります。だから、効率よく生産できます。

でも、どんどん生産量を増やそうとすると、やがて1人では間に合わなくなり、「クレープ作りが苦手な人」に手伝ってもらわなければいけなくなります。そして、クレープ作りに適さない場所で作らなきゃいけなくなります。

そうなると、同じ人数、同じ小麦粉の量を使っても、出来上がるクレープの数がどんどん少なくなっていくのです。つまり、生産性が悪くなっていくのです。

いくらクレープの方が価格が高いと言っても、生産効率が悪くなり、生産量が減ってきてしまえば、売上は稼げなくなりますね。

最初は効率がいい

やがて条件が悪くなり
効率が悪くなる

そこで松下宗一郎さんは考えました。

クレープ作りに駆り出された人の中には、パン作りが得意な人がいるはずです。その人たちにはパンを作ってもらった方が効率的です。キッチンもクレープ作りには不向きでも、パン作りには適している場所もあるので、そこを使いましょう。

そうすると、生産性が低いクレープ作りから、生産性が高いパン作りに資源を移し、売上を増やすことができます。パンの方が単価は安いですが、それをカバーするくらい生産性が高くなれば、問題ありません。クレープ（300円）をひとつやめても、パン（100円）を6個作れれば、全体で見てプラスになりますからね。

「じゃあ結局、何個ずつ作ればいいの？」

クレープ作りの効率が悪くて、人員や場所を、パン作り用に換えていくと、今度はパン作りが徐々に効率悪くなっていきます。これはクレープを作り過ぎていた時と同じ理屈です。一方で、クレープ作りは「足手まとい」がいなくなる分、徐々に効率がよくなっていきます。

最初は、パン作りの方が効率がいいです。

でも、徐々にパン作りの効率は下がり、一方で、クレープ作りの効率が上がります。

そして最後には、逆転してしまうのです。

この時に、効率性が同じになる瞬間があります。要するに、パンをやめてクレープを作っても、売上が変わらないという時があるんです。さっきの例で言うと、「クレープひとつをやめたら、パンが3個できる時」がその時です。そこがベストな生産個数になります。

各企業によって、クレープ作りが得意な人が多かったり、パン職人が多かったり、事情が違いますから、「何個ずつ作るのが最適か」という基準は、企業によって異なります。

でも、どんな企業でも考え方は一緒です。この効率性（生産性）が等しくなるところで、生産数を決めて、資源を配分すれば、売上を最大にできるんです。これが「完全競争市場」で売上を最大にする方法なんですね。

まとめ
高く売れる商品を生産すれば売上が上がるが、作り過ぎると生産効率が悪くなる。他の商品の生産効率と等しくなるところで生産量を決めれば、売上を最大にできる。

●費用を減らす

ここまで、完全競争市場にいる企業が、どうすれば売上を最大にできるかを考えてきました。今度は、利益を増やすためのもうひとつのポイント、「費用を減らす」について考えます。松下宗一郎さんは、何に注目し、どんな判断をしているでしょうか？

「費用」が小さくなれば、利益は増えます。でも、商売をする上で、費用をゼロにすることは不可能です。また、安易に費用を削ると、売上も減ってしまい、全く意味がなくなってしまいます。

「費用を減らす」というのは、あくまでも売上を減らさないでという前提で考えなければいけません。つまり、どうやったら同じものを生産しつつ、費用を下げられるかを考えていくわけです。

「まずは、社員全員に『経費節減！』を通達すればいいのかな？」

それはちょっと違います。文房具や電気代などムダな経費を削ることも大事で、現実にはこれができていない会社が山ほどあります。

でも、経済学では「使わなくていい経費は一切使っていない」という前提で考えています。

なぜかというと、費用はムダ遣いをしようと思えば、いくらでもできてしまうからです。でも、そんな企業を分析しても意味がありません。経済学で分析する企業は、ムダは削減済みの企業なんです。

「もうムダはないのに、費用を削れるの？」

「ムダを削減する」のではなく、「同じ量を効率的に生産する」ことで、費用を下げることができます。再びパン屋さんの例で考えてみます。

パン職人が機材を使って、パンを焼きます。この時、パン職人が増えても、機材が増えても、焼けるパンの量は増えそうですね。でも、どちらかがあればいいというわけじゃなく、バランスが大事です。

機材がたくさんあっても、職人さんが足りなければパン生地が作れず、パンを焼くことができません。反対に職人さんばかり多くても、機材が足りなければ、焼くことができません。

では、作業員が何人、機材が何台あるのがベストなのか、考えてみます。さっきと同じ要領で、作業員と機材を入れ替えていきます。話を分かりやすくするために、パン職人さんの月給は10万円、機材のレンタル料も10万円／月として考えます。つまり、職人さんを雇う費用と機材を借りる費用は同じということです。

職人	機材	費用
9人（90万円）	1台（10万円）	100万円
6人（60万円）	2台（20万円）	80万円
4人（40万円）	3台（30万円）	70万円

たとえば、100個のパンを焼くとします。最初は職人さん９人、機材１台で作っていました。でも、機材が少ないので、あまり効率的に焼くことができません。そこで、機材を１台増やしました。そうすると、職人さんが６人で同じ量が焼けるようになりました。でも、まだ機材が足りないような気がします。さらに１台増やすと、職人さんは４人で済むことが分かりました。

最初は、職人９人（90万）と機材１台（10万円）の合計100万円でやっている作業が、組み合わせを変えた結果、職人４人（40万円）、機材３台（30万円）の70万円でできるようになりました。

「さらに機材を増やすと、どうなる？」

ここからさらに機材を増やしても、操作する人がいないと意味がありませんので、最低でも機材の台数分だけ作業員が必要になります。機材４台になると、作業員は最低４人で合計80万円かかってしまいますね。やはり、さっきのが「費用が最小になる組み合わせ」だということが分かりました。

じつは、これはさっきの「パンとクレープ、どっちを作るべきか」と同じ考え方ができます。さっきは、「クレープをやめてパンを作っても売上金額が変わらないところ」がベストな組み合わせでした（反対に「パンをやめてクレープを作っても売上が変わらないところ」と考えても一緒です)。今回も同様で、「職人を減らして機材を増やしても、それ以上費用が下がらないところ」が、最適人員数、最適な台数ということになります。

さっきは「同じ資源（原材料・人員）を使って、どれだけ多く生産できるか」、今回は「同じ量を作るのに、どれだけ少ない資源でできるか」を考えています。見え方は反対ですが、どちらも、本質的には同じことを考えています。どうすれば自分（自社）にとって一番いい判断ができるか、を探しているわけですね。

生産を増やすべきか、減らすべきか？

ここまでで、企業が持っているある一定量の資源を使って売上を最大にするための考え方、それと、ある一定量の商品を生産するのに費用を最小限に抑えるための考え方を説明してきました。

「売上を最大にできて、費用を最小にできれば、利益は最大になるね！ これで解決だ！」

残念ながら、まだ終わりではありません。というのは、そもそも、どれくらいの資源を投入して、何個商品を生産すればいいのかがまだ分かっていないからです。

つまり、資本金を100万円投入すると決めている場合に、どうすれば売上を一番大きくできるかは勉強しましたが、そもそも100万円を全額使った方がいいのか、それとも80万円にした方がいいのか、50万円がベストなのかが分からないですよね。

同じように、100個生産する時に費用を最小限に抑える方法が分かるだけでは不十分です。もしかしたら120個生産したら格段に費用が下がるかもしれません。

だから次は、「そもそも商品は何個作るのが全体としてベストなのか？」を考えていきます。

一般的な結論から言いますと、「①もう1個生産した時に得られる収入」と「②もう1個生産した時にかかる費用」を比べて①の方が大きければ生産する、②の方が大きければ生産しない、という判断をすればいいのです。なお、①を「限界収入」、②を「限界費用」といいます。

限界収入が限界費用より大きければ、つまり商品をもう1個生産したときに、収入の方が、かかる費用より大きければ、利益が増えます。逆に収入より費用が大きくなる場合は、「作ると損」になります。

この考え方は、経済学では非常に重要です。先ほどの疑問点「そもそも100万円を全額投入した方がいいのか、80万円、50万円にした方がいいのか」は、この限界収入と限界費用を比べれば分かるんです。たとえば、50万円の場所からスタートして、商品の生産を増やしていきます。この時、限界収入と限界費用を比べてみると、

- 予算が50万円～80万円の時：限界収入＞限界費用
- 予算が80万円以上の時　　：限界費用＞限界収入

ということが分かったとします。つまり50万～80万円の時は、もう1個生産すると、利益が増える、それ以上になると、生産するたびに利益が減るということが分かったんです。とすると、「最適な規模」は80万円ということがわかりますね。

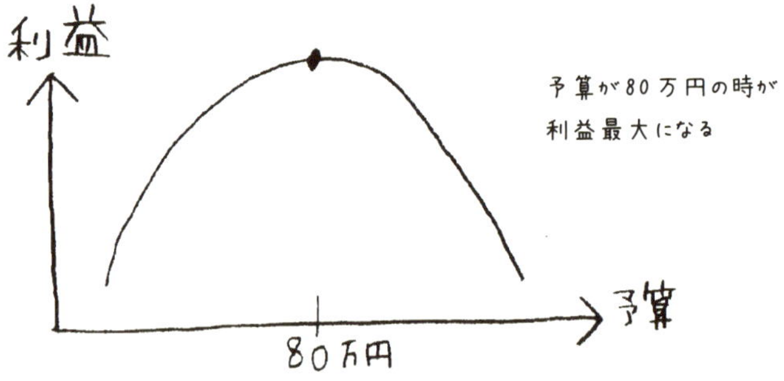

**「ほぉ～ なるほどねぇ～。
早くこの限界収入と限界費用の計算方法を教えて！」**

では、早速。

まず「限界収入」ですが、これは超簡単です。完全競争市場にいる企業の場合、「限界収入」は、「商品の価格」になります。100円の商品をもう1個生産したら、（売れ残りを考えなければ）100円収入が増えますね。だから「限界収入＝商品価格」です。

「でも、供給が増えると、価格が下がるんだよね？」

完全競争市場では、全く同じ商品を売っている企業（お店）は無数にあり、自社が生産量を増やそうが、減らそうが、市場に影響を与えません。だから、生産を増やしても商品の価格は変わらないのです。

何らかの理由で商品価格が変わることはありますが、自社が生産量を変えたことが原因で変わることはありません。企業としてはとりあえず「一定」と考えておくべきです。（独占市場では、その商品を売っているのは自社だけなので、自社が生産を増やすと、供給が増えて価格が下がります。）

「なるほど。限界収入は、いつでも『一定』なんだね。
じゃあ限界費用は？」

限界費用は、もう少しややこしいです。というのは、企業がどれくらい生産するかによって、かかる費用が変わるからです。

さっきパンとクレープの生産効率の話をしました。クレープの方が、単価が高いからより儲かるとしても、クレープを作り過ぎると、どんどん生産効率が悪くなるということでしたね。これは「収穫逓減の法則（収益逓減の法則）」でも説明したことです。

つまり、生産量が増えるにつれて、効率が悪くなる、同じ費用をかけても生産できる量が減ってくるんです。

「ということは……？」

逆に考えると、同じ量を作るのにかかる費用がどんどん増えていくということです。商品の1個当たりの費用が上がっていくということですね。1000個目の商品を作るより、1001個目の商品を作る方が高くつくわけです。

となると、生産量を増やすと、「限界収入」は一定ですが、「限界費用」はどんどん増えていくということになりますね。つまり、差額の「利益」がどんどん少なくなっていくわけです。

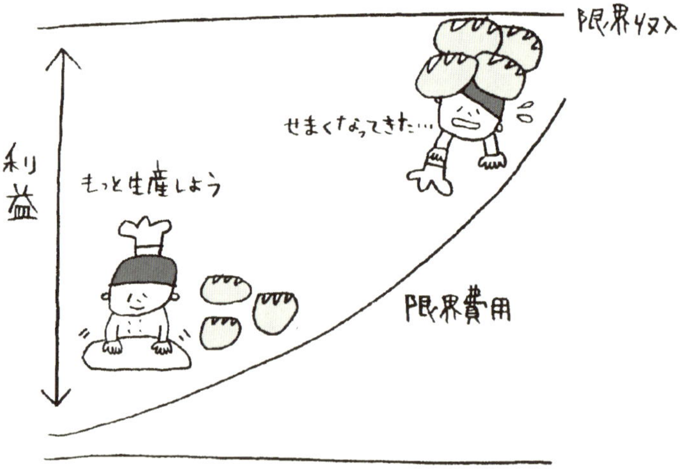

どんどん少なくなるとはいえ、利益が増えるのであれば、生産量を増やすべきです。

ただ、さらに引き続き生産量を増やしていくと、ますます「限界費用」が増えていきます。そして、やがて限界収入よりも限界費用の方が高くなっていくのです。

「収入よりも費用が大きいってことは、生産すると損をするってことだよね？」

その通りです。なので、それ以上生産量は増やしません。むしろ逆に、生産量を減らすことで、利益を増やすことができるんです。

そして、最初にお伝えしたように、「限界収入」と「限界費用」が等しくなるところで利益が最大になるのです。

「なるほど。……で、これはどんな意味があるんだっけ？」

これで「最適な生産規模」が判断できるようになります。つまり、資本金100万円を全額投入すべきなのか、80万円・50万円の規模で生産をした方が利益が大きくなるのか、が分かるんです。

さきほど、ある一定の資源を使って売上を最大にする考え方、ある一定量の生産をする時に費用を最小限に抑える考え方を説明しましたね。これらの考え方はもちろん大事です。でも、そもそも「最適な生産規模」が分からないと、全体で見て正しい判断をしているのかどうか分かりません。

まず、自社にとって、どのくらいが最適な生産規模なのかを見極めます。そうすると、「使う資源の量」が確定しますね。

そして次に、その資源を使って売上を最大にする商品生産量（生産する商品の組み合わせ）を考えます。同時に、個々の商品の生産量が決まったら、その量を作るためにどうしたら費用が最小限に抑えられるのかを考えます。

このような流れで企業は利益最大化が図れるわけです。

プラン	売上	費用	利益
A	50万円	30万円	20万円
B	80万円	50万円	30万円
C	100万円	60万円	40万円
D	150万円	120万円	30万円

← Cプランがベスト!!!

まとめ

まずは限界収入と限界費用から「最適な生産規模」を調べる。そしてその規模で売上が最大、費用が最小になる商品の組み合わせを選ぶ。

第3節　政府の目的

ここまでで「家計（個人）の目的」と「企業の目的」について説明してきました。つまり、「個人が自分の生活をよりよいものにするためには、自分のお金と時間をどう使えばいいか？」「企業が自社の利益をより増やすためには、自分が持っている資源をどう使えばいいか？」についての話でしたね。

この節では、「政府の目的」、つまり「政府が、国全体の『幸福度』を高めるためには、何をしなければいけないか？」を考えていきます。

なぜ政府が存在しているか、つまり政府の存在意義は何かというと、それは「国全体の『幸福度』を高めること」です。テレビのニュースを見ると、政治家は自分の立場とカネにしか興味を持っていないような気もしますが、本来の役割は「国民の幸せを実現すること」です。わたしたちが政府に持っているイメージはまず置いておいて、本来の政府の役割について考えてみましょう。

国全体の幸福度とは？ ～余剰

政府は国全体の幸福度を高めることを目的にしています。ただし、そう言うのは簡単ですが、実際に何をどうすることが「国全体の幸福」につながるのでしょうか？ 政府が具体的に考えているのはどういうことなのでしょうか？

「就職率とか、医療の充実とか、かなぁ」

国民の生活を考えるとそういうことになりそうですね。ただし、具体的な項目を列挙するときりがありません。そこで経済学では、「国全体の幸福」を「余剰」という尺度で俯瞰的に捉えます。

「余剰」は、経済的な「うれしさ」を計る言葉です。経済的に「うれしい時」に余剰が発生するというわけです。

「経済学でいう『うれしい状態』って、どういう時？やっぱお金もらった時かな？？」

それは違います。経済学でいう「うれしい時」とは、「取引で（金銭的に）得をした時」です。消費者でいえば、「自分が思っている価値より安く買えた時」、生産者でいえば、「思ったより高く売れた時」です。

「ほぅ……」

この「思ったより」というのが重要です。自分が「100円の価値」と思っているものを100円で売買しても、「得」をした気分にはなりません。だからその時は、「余剰」はゼロです。

たとえば、120円のジュースは、いつ、どこの自動販売機でも120円で買えます。中には、倒れそうなくらいにのどが渇いている人もいて、その人にとっては、自動販売機のジュースは1000円くらいに価値があるかもしれません。でもそんな人でも120円で買えるんです。その時、その人はきっと「思っていた価値より安く買えた。ラッキー」と感じるでしょう。これを「消費者余剰」と呼びます。

同じ商品であれば、いつでもどこでも大体同じ値段で売っています。でも消費者が感じている価値は同じじゃないんです。人によって、またはその時によって、感じている価値が全然違います。消費者が「払ってもいいと感じている商品の価値（価格）」と「実際の価格」の差が「余剰」になるんです。

「『消費者余剰』は分かるけど、企業が感じる余剰は、どう考えればいいの？」

企業が感じる余剰は、「企業が売ってもいいと思っている値段」と「実際に市場で決まっている価格」の差です。企業によって、自社の利益の取り方や生産効率が違いますので、「50円でも売りたい」と思っている企業もあれば、「150円じゃないと売れないよ！」と思っている企業もいます。

でも市場で決まっている価格はひとつなので、みんながその価格で売ります。ジュースだったら、120円で売るんです。この実際の市場価格と、それぞれの企業が個別に設定したい価格の差が企業が感じる余剰です。これを「生産者余剰」と呼びます。

「で、何の話だっけ？」

政府は、国全体の幸福度を高めることを目的にしている、という話です。その国全体の幸福度は、この「消費者余剰」と「生産者余剰」を合計した「社会的余剰（総余剰）」の大きさで計測します。

前に説明したとおり、経済の登場人物は「家計（消費者）」「企業（生産者）」と政府です。だから、「家計」と「企業」が感じる余剰を最大限に大きくすれば、（経済学で考える）国全体の幸福度が最大になるのです。

「んで、政府は何をすればいいの？」

じつは結論としては単純な話で、「市場でみんなが自由取引をできる状態をつくればいい」、です。【経済学の考え方 その10】で「みんなが市場で自由に決めるとベストな結果が生まれる」という原理原則を説明しました。この「ベストな状態」こそ、社会的余剰（総余剰）が最大になっているということなんです。

「じゃあ、政府は何もしなくていいんだね。市場に任せればいいわけだ」

ここが難しいところですが、そうではないんです。【経済学の考え方 その12】で説明した「市場の失敗」があるからです。通常は「神の見えざる手」が働く市場でも、時にはうまくいかないことがあります。それを政府は正さないといけないのです。

「どういうこと？？」

では、具体的に説明していきましょう。

政府の役割　～「資源の再配分」と「所得の再配分」

繰り返しになりますが、ここまでで、「家計が自分の満足感を最大にする考え方」と「企業が自社の利益を最大にする考え方」を説明してきました。

そして、【経済学の考え方 その10】で説明したとおり、この家計と企業が自由に取引をすれば、やがては均衡点に落ち着くということも分かりました。均衡点では、「売れ残り」や「品切れ」がなく、効率がいい状態でしたね。経済は、放っておけば、「神の見えざる手」が働いて、自動的にベストな状態になるのです。

「じゃあ、政府は何をやっているの？ 放っておいてベストになるんだったら、何もしなくていいんじゃない？」

通常は、経済は買い手と売り手が自由に交渉して取引をすればベストな状態になります。でも、一部にはこの「神の見えざる手」がうまく機能せず、「ベストな状態」にならないこともあるんです。それが「市場の失敗」です。

「市場の失敗」は自由取引の結果として起こっている「失敗」なので、そのまま放っておいても直りません。なので、政府が「市場の失敗」を正す必要があるんです。

経済学的な表現をすると、「市場の失敗」は、「資源配分が非効率な状態」です。それを政府が「効率的な状態」に直すということは、政府は「資源の再配分」をしているということになります。これが政府の重要な役割です。

またもうひとつ、政府には大事な役割があります。それは「所得の再配分」です。

自由に取引をすれば、売れ残り・品切れは起こられないように調整します。買いたい人が商品を買い、売りたい人が売り、基本的には「効率的な状態」になります。でもそれが、「公平な状態」とは限りません。

たとえば、誰もがほしがる人気商品で、需要量が供給量より多かったとします。そうすると、この商品の値段は上がっていき、需要量が減っていきます。そして、やがて「需要＝供給」となる価格に落ち着きますね。これで無駄がない効率的な状態になりました。

でも、商品の価格が上がって需要量が減るということは、「値段が高くなったので買えなくなった人がいる」ということでもあります。つまり、本当はほしいんだけどお金がなくて買えないだけ、という人がいるんです。国全体で見て、必ずしもこれが「いい状態」かというと、そうとも言えないわけです。

また、商品の価格が下がると供給量が減るということは、競争力の低い企業がビジネスを続けられなくなった結果でもあります。市場に任せておけば、「優良商品」「優良企業」が生き残り、競争に負けた企業は倒産していくことになります。「効率性」だけを考えれば、これでOKです。でも、能力の低い企業とその社員はどうなってもいい、ということではありませんね。

「適度の『公平さ』は必要だよね」

ただし、それも難しい問題です。人々が自由に取引していると、なかなか公平な社会にはなりません。というのは、「公平」を重視すると、自分のメリットが小さくなるからです。

企業はお金を持っていないお客さんにも商品を渡さなければいけませんし、お客さんも、質が悪くて割高な商品を買ってあげなければいけなくなります。現実社会では、世の中の公平性を保つために、進んで自分の利益を削る人ばかりではありません。だから自由な取引に任せておくと、「公平性」はなかなか実現されないんです。

なので、政府の出番です。政府は「資源の再配分」と「所得の再配分」を考えて、政策を実施していきます。このふたつが政府の大きな役割なのです。

**「よし、じゃあ政府に頑張ってもらって、
公平な社会にしてもらおう！」**

でも、注意しなければいけないのは、経済は原則としては市場で自由に取引される状態がベストということです。

「市場の失敗」に対処するといっても、慎重にやらなければ、自由取引を妨害して、全体の効率性を阻害してしまう恐れがあります。自由経済にむやみに政府が首を突っ込むと、むしろ悪い影響を与えてしまう「政府の失敗」が起こることもあります。その点に十分注意しなければいけないんですね。

また公平性を意識するあまり、全体のパイ（経済の規模）を小さくしてしまうこともあり得ます。この点に十分注意した上で、「再配分」は行うべきです。

まとめ

政府には、効率性を追求した「資源の再配分」と、公平性を追求した「所得の再配分」を行う役割がある。

資源の再配分　～政府が「市場の失敗」を正す

まずは、「資源の再配分」についてです。政府はどのようにして「市場の失敗」を直すのでしょうか。

「その前に、「市場の失敗」をもう一度説明してくれない？」

「市場の失敗」とは、みんなが自由に取引をした結果、社会全体から見て「本来適正な取引量」ではなくなってしまうことです。

前にも出した例ですが、パソコンは「10万円で年間100万台売れるのがベストな状態」だったとしましょう。通常は、市場の原理に任せていれば、自然と「10万円で100万台」取引されるはずです。でも、何らかの理由によって80万台しか生産されない、もしくは130万台も売買されてしまう、という事態が起こり得ます。「ベストな取引量」ではなくなるわけです。これが「市場の失敗」です。

「なんでそんなことになるの？」

それは、「みんなが平等に交渉取引できないから」です。つまり「一部の人の意見が強すぎ」「一部の意見が無視される」と、市場の機能が十分に発揮されないんです。

「なぜそんなことになるの？」

みんながちゃんと交渉取引できなくなる理由は大きく分けてふたつあります。キーワードは、「外部性」と「市場支配力」です。

まず「外部性」です。外部性とは、「取引価格（商品の値段）に反映されない要素」のことです。これがあると「平等な交渉」ができなくなります。

「なんで？」

本当なら、企業はその商品を製造するのにかかる費用を全て考慮して、商品の値付けを行います。消費者もその商品に関わるメリット・デメリットは全て価格に織り込まれていると考えて買い物をします。

たとえば、こういうことです。みなさんも商品を買う時には、必ず「この内容・質でこの値段」ということを考えますね。高級食材を使った料理は、おいしいですが、おそらくその分値段が高いです。

適当に作った商品は安く販売できるかもしれませんが、その分「悪かろう」です。でも、企業も消費者も「安かろう、悪かろう」ということを承知の上で、売買の判断をしているのです。

ということは、商品の中身が、価格にちゃんと反映されていなければ、正しい売買交渉ができないということになりますね。本人たちはちゃんと交渉して、ベストな量を取引しているつもりでも、判断のもとになっている価格が「正しくない」ので、結果として取引量も正しくはならないのです。

外部性があるということは、その商品が持っているメリット・デメリットのうち、価格に反映されてない部分があるということです。価格が商品の「内容」を全て反映していないんです。

「まだ『外部性』の意味がよく分からないなぁ」

たとえば、アイスクリームを買う時。わたしたちは、アイスの味（おいしそうかどうか）・量を考え、価格を見て買いますね。味と量は価格に考慮されているわけです。ただ、このアイスを食べていると、パッケージの作りが悪くてこぼれやすく、道路がベタベタに汚れてしまいました。アイスを買う時、味と量は考慮しますが、道路が汚れるなんてことは買う時には分りませんので、「購買基準」に含まれません。これが「外部性」です。「アイスが食べづらく、道路が汚れる」というのは、アイスの「外部性」なんです。

本来は、アイスメーカーが食べやすいパッケージを再開発したり、道路をきれい掃除しなければいけません。それには費用がかかりますので、本来、このアイスはもっと価格が高くなるはずなんです。でも、アイスメーカーがその費用を負担せず、その分「不当に」商品を安く、たくさん売っているわけです。

外部性の例でよく出されるのがこのような「公害」です。公害は、商品を製造する過程で、環境が汚染されて引き起こされます。たとえば、何かの化学製品を製造する時に、環境が汚染されるとします。でも、わたしたち消費者が買う価格には、「環境汚染代」は織り込まれていません。これが「外部性」です。

本来は、商品を製造する工場がちゃんと「掃除」をしなければいけません。でも、現実的にはそれをしてきませんでした。

「そうだよね。悪い人たちだよ」

経済学では「誰が悪い」とか「悪いやつをやっつけろ」ということは考えません。経済学で考えているのは、「それが効率的な資源配分かどうか」です。

工場がちゃんと掃除をし、「掃除代」も生産コストとして考慮したら、商品はもっと高く売られていたはずです。そして、販売数はもっと少なかったはずです。つまり、取引価格には掃除代が含まれずに、工場は負担すべき掃除代を支払わずに、その分不当に安く、不当にたくさん商品を売っていたわけです。社会的に見てベストな取引量よりも増えてしまう、「市場の失敗」が起きてしまうわけです。

工場が掃除代を負担するのが「自然な姿」ですよね。そしてその時が「効率的な資源配分」になっているはずです。だから、その状態から離れているのであれば、それは「非効率な資源配分」で、正さなければいけない、という判断になるんです。

このように商品の価格に反映されない要素（外部性）があると、正しい取引がされません。みんな「この商品のせいで公害が起きてるんだよね……？」と、うすうす気がつきながらも、価格に直接反映されないので、結果として取引にも反映されないのです。

これと同じことが、「市場支配力が強すぎる人（立場が強すぎる人）がいる場合」にも起こります。立場が強すぎる人がいる場合も、平等な交渉取引ができなくなってしまうんですね。

これは「市場支配力」が原因で、簡単に言うと、「独占企業がいる場合」です。お客さんは自分から商品を買うしかないので、独占企業は商品の供給量を減らして、価格を吊り上げることができます。非常に強い立場ですね。

この場合も「平等な交渉」はできません。その結果、市場の機能が十分に発揮されず、「市場の失敗」が起こります。この場合は、消費者が「もっと安く、たくさん売ってよ！」と言うのに対し「いえ、これ以上売りません。価格は下げません」と言って、「ベストな取引量」よりも少なくなってしまうのです。

「なんだか、ムカつくね」

通常、こういう出来事が起こると、公害にも独占企業にも「けしからん！ すぐに改めよ！」と言いたくなります。つまり、社会的・道徳的に非難が殺到するわけです。

でも、さきほど説明したように、経済学では別の視点から「その状況を正すべき」と考えています。それは、最初に説明した「資源の再配分がうまくいっていない」という視点です。

「市場の失敗」があると、実際の取引量が、「社会的に見て適切な量」から乖離してしまいます。もちろん、公害発生は許されない行為ですし、独占企業も倫理観を持ってビジネスをしてもらいたいと思います。でも、それはひとまず置いておいて、資源の配分が適切に行われるように正そうというのが、経済学で説明しているポイントなのです。

「なるほど、『市場の失敗』を正すというのは、悪者を裁くってことじゃないんだね」

まとめ
「外部性」と「市場支配力」が、市場の失敗を引き起こしているのでそれを正すのが政府の仕事

いいことをして報われない場合も「市場の失敗」

それに、「市場の失敗」には、弱者が被害を受けるだけでなく、「正当な報酬をもらえない」ということもあります。

たとえば、商店街の花屋さんは、自分の店のお客さんだけでなく、通りすがりの人達の気分もリフレッシュさせています。

でも、だからといって、通りすがりの買い物客がお金を払っていくわけではありません。そこに花屋があることで、多くの人がメリットを感じているにもかかわらず、実際にお金を払うのは、お花を買った人だけです。

花屋さんからしてみれば、多くの人にメリットを与えているのに、その対価をもらえていない、ということになります（実際の花屋さんがそう愚痴っているということではなく、あくまでも経済学的に考えるとそういうことになる、ということです）。

その街全体のことを考えれば、花屋さんがもっと規模を拡大して、住民全員を癒すのが「ベストな状態」です。でも、お店はあくまでも自分にとってのベストな規模を維持しようとしますので、いくら社会的に考えると規模を拡大した方がいいと言っても拡大しないんです。

そして、じつはこれも「市場の失敗」です。

「え？　そうなの？？」

「市場の失敗」とは、「社会全体として見てベストな量にならない」ということでしたね。公害の例は、イメージ的にも「失敗」という言葉がよく合います。そして、この花屋さんの例も社会全体で考えるベストな量・規模になっていません。だから「失敗」なんです。

「なんでそういう結果になっちゃうの？」

それは、この花屋さんが自分がもたらした影響に対して、正当な報酬を受け取っていないからです。住民にメリットを提供しているのに、お金を受け取れないから規模を拡大しないのです。理由としてはシンプルですね。

まとめ

当事者が適正な対価を受け取れない場合、ベストな状態よりも、生産量が少なくなる。これも「市場の失敗」。

政府の対策

では、「市場の失敗」が起きた時に、政府はどう対処すればいいのでしょう？

「なかなか難しい問題だよね……」

実際に「市場の失敗」をなくすのは簡単なことではありません。でも考え方は非常に単純です。

というのは、「市場の失敗」が起こる原因が分かれば、その原因を帳消しにするように政策を行えばいいからです。

「市場の失敗」は、「本来費用を負担すべき人が負担していない」「本来利益をもらうべき人がもらっていない」から起こるんです。だから政府がその「本来の姿」を見極めて、その状態に戻せばいいのです。

「ベストな量よりも多く商品が生産されてしまう場合」の政府の対策

先ほどの公害を引き起こしている工場のケースです。工場が「掃除代」を負担していないため、こういう事態が引き起こされました。なので、政府が工場に対して、汚染物質を流さないよう命令します。根本的な原因をなくすために、規制を作るわけですね。

または、「掃除代」の分だけ、工場に税金を課します。たとえば、本来、商品1個当たり20円の「掃除代」がかかるとします。放っておいたら、工場はこの20円を負担しないので、政府が商品を1個生産するごとに20円の税金をかけるわけです。

「税金をかけると、汚い水がきれいになるの？？」

いえ、そういうことではありません。税金をかけても汚染物質が流れ出ることには変わりありません。でも、工場から徴収した税金で国が代わりに「掃除」をすることが可能になりますね。

さらに言うと、工場がベストな量よりも生産を多くしていたのは、「費用負担が少ないから」でした。税金が課されると、工場にとっては「費用」が増えるのと同じことになります。だから工場の生産量も適正な水準に戻すことができるんです。

「ベストな量よりも商品の生産／規模が少なくなる場合」の政府の対策

これは、さっきの花屋さんの例ですね。

仮に花屋さんが住民のためを思って店の規模を拡大し、その結果、大勢の人が癒されたとします。でも、この花屋さんは実際にお花を買ってくれないと利益が上がりません。いくら「社会的にベストだから」と言われても、自分が報われなければ、誰も規模拡大はしないでしょう。

「なるほどね。これと同じようなことは他にもある？」

「発明」にも同じような話があてはまります。現代社会は、過去の偉人たちが発明した商品や技術の上に成り立っています。それだけみんなが恩恵を受け、みんなが発明された商品を買っているわけです。でも、放っておけば発明家が受け取れる報酬は、社会が受け取るメリットのほんの一部分になってしまいます。

発明家は、私財をなげうって苦労の末に発明をしても、世の中全体で受けるメリットのほんの一部しか「見返り」を受けられません。これでは割に合わず、「発明なんてバカバカしい」と取り組む人が減ってしまう恐れもあります。その結果、発明の量が「ベストな量」よりも減ってしまうわけです。

そこで政府は発明家が「正当な見返り」を受けられるように、特許制度を設け、また有能な発明家には国から資金援助をするわけです。そうすることで、「自分の発明の対価」をより多く受け取れ、また発明家の費用負担も減らすことができます。そうすることで、発明の量を減らさないようにできる、つまり「市場の失敗」を防ぐことができるのです。

このように「市場の失敗」は、本来費用を負担すべき人が負担しなかったり、本来利益を得られる人が得られない時に起こります。なので、政府が、本来費用を負担すべき人に費用を負担させ、本来利益を得るべき人に利益をもたらせば、「失敗」を挽回できるということなんです。これが「資源の再配分」に関する政策です。

まとめ

政府は「市場の失敗」が起こる原因を帳消しにするような政策を実施すればいい

所得の再配分　～「公平な社会」を目指す

さて、ここからは政府の役割のふたつ目、「所得の再配分」について、説明していきます。「公平な社会」を目指して、政府は何をしていくのでしょうか？

政府が「所得の再配分」をする方法として、一番先に思いつくのが「税金」です。特に所得税は分かりやすいでしょう。日本も所得に応じて納税額が変わる「累進課税制度」です。所得が多い人から多く税金を取って、所得が少ない人からは少し取る。それを全員のために、もしくは低所得者向けに使えば、格差は小さくなります。

その他にも、最低賃金制度や、一定の年収以下の世帯しか利用できない制度・施設（一部の保育園など）も所得再配分の意図があります。

「所得の再配分」は金持ちのお金を、貧しい人に振り分けようという「ねずみ小僧」的な印象になり、基本的に「いいこと」と思われています。

でも、本当にそうなのでしょうか？ いくらイメージがいいものであっても、実際検証してみると「全然だめ」「むしろ有害」ということもあり得ます。なので、ここでは政策の有効性と実際に予想される影響（政策の結果）を考えてみたいと思います。

●所得の再配分政策は有効？？

税金の他にも、政府は低所得者から人気がある「家賃規制」や「最低賃金制度」を導入して、「所得の再配分」をしようと考えることがあります。

「家賃規制」は、低所得者でもちゃんと家に住めるように、政府が家賃の上限を設定することです。また「最低賃金制度」は、労働者の最低時給を法律で定めてしまおうというものです。これは日本でも話題になりました。

「弱者を救おうということだね！ 賛成！」

これらの制度は、一見すると、「弱者の味方」です。家賃は安い方がいいですし、時給は高い方がうれしいに決まっています。なので、これらの政策に賛成する人は多いです。

ただ、実際にはこれらの政策を導入すると社会にデメリットが起こるというのが経済学の見方です。

「なんで？？ 立場が弱い人を助けちゃいけないの？？」

そういうことではありません。弱い立場の人を守ることは、政府の重要な役割でもあります。

ただし、これらの制度は、取引される価格を強引に「均衡価格」から引き離すということを意味しています。目的は何であれ、市場で決まる均衡価格をずらしてしまうと、どこかに弊害が起こります。目的が「弱者救済」だったとしても、弊害は起こってしまうのです。そしてさらに、その弊害が本来救うべき「弱者」に向かうこともあるのです。

家賃規制は何をもたらすか？

まず家賃規制について考えてみましょう。貧しい人でも家が借りられるように、家賃の上限が決められたとします。たとえば5万円です。もともと5万円以下の物件は特に関係ありません。ここで問題になるのは、「本来5万円以上の物件」ですね。広さや築年数、設備に関わらず「5万円」にしなければいけなくなります。とするとどうなるでしょう？

「大家さんたちの家賃収入が減るね。でも、大家さんたちはお金持ちだと思うから、いいんじゃない？」

おっしゃる通り、大家さんの家賃収入は減るでしょう。でも、話はそれで終わりません。長い目で見ると、「いい物件」がこの世からなくなり、「ボロ屋」しか残らなくなってしまうのです。

家賃が下がれば、大家さんの家賃収入が減ります。ということは、「大家」というビジネスの魅力度が下がり、「大家業」をしようとする人が減るわけです。これで物件の供給量が減ります。

また、アパートやマンションを建てても、それを安くしか貸せなければ、誰も「いい物件」を作ろうとは思わなくなります。広い部屋を作っても、5万円以上で貸せませんので、大家さんは分割して小さい部屋をたくさん作るようになるでしょう。物件の供給量が減ると同時に、「いい物件」は作られなくなるんです。

「いい物件がなくなるのは納得できる。でも、「ボロ屋」しか残らなくなるっていうのはないでしょ？」

家賃が下がると、それまで部屋を借りられず、親と一緒に住んでいた人も、「じゃあ自立して一人で暮らすか」となります。つまり、需要量が増えるんです。供給量が減る一方で需要量が増えれば、「超過需要」が起こります。つまり、部屋を借りたいけど借りられない人が増えることになるんです。

本来なら、ここで家賃が上がってバランスが保たれます。でも、家賃規制があると、家賃は上げられません。なので、大家さんのもとには「空き待ち」の行列ができることになりますね。

こうなると、もはや大家さんは部屋をいい状態に保つ必要はなくなります。部屋を借りたい人はたくさんいるので、汚くても借りてくれるんです。だから「『ボロ屋』しか残らない」のです。

結果的に、家賃規制で、部屋を安く借りられるようになりましたが、同時に借りる部屋の質も下がってしまうのです。

最低賃金制度は何をもたらすか？

今度は「最低賃金制度」について考えます。「最低賃金」を設定すると、どんなことが起こるか、考えてみます。これも結局は市場の均衡価格を強引にずらしてしまう結果、弊害が起こることになります。

「そうなのか……」

仮に最低賃金が1000円に設定されると、今まで時給800円だった人は、これからは無条件に時給1000円になります。これで時給が上がった分だけ、所得格差が小さくなるので、一見「弱者救済策」に見えますね。でも違うんです。こんなことが起こります。

まず考えなければいけないのは、企業の「ふところ事情」です。国が最低時給の制度をつくったからといって、企業が支払える人件費の金額が増えるわけではありません。だから、最低時給が上がると、その分どこかで帳尻を合わせなければいけないわけです。

どうするかというと、「雇う数」を減らすんです。仮に社員が全員時給800円だとします。そして、これからは全員時給1000円に上がるとします。そうすると単純計算で、社員数を20％削減しなければいけなくなりますね。20％の社員がクビになるんです。

「そうじゃなくて、高い給料もらっている人たちの分を削ればいいんだよ」

たしかに、高給取りの人たちの分を減らせば、社員をクビにしなくても大丈夫です。でも、それは現実的にはなかなか難しいことです。

なぜなら、これからは社員も「良い条件」を求めて転職をする時代だからです。優秀な社員の給料を減らしてしまうと、すぐに違う会社に移ってしまうでしょう。企業にとって優秀な人材が抜けることは大きな痛手ですから、その人たちの給料はなかなか減らせません。

そうなると、他の人の給料で帳尻を合わせなければいけなくなりますね。結果、多くの会社で、「最低賃金労働者」がリストラされることになるのです。

「最低賃金労働者」がリストラされる別の要因もあります。

それは「労働者の代わりに機械が導入される」という点です。人件費が高くなれば、人間の代わりに機械を導入した方が安上がりになることもあります。同じ仕事ができるのであれば、企業は労働者を雇っても、機械を買ってもどちらでもいいと考えます。安い方を買うわけです。

そして、一番導入されやすいのは、導入費用が安い「単純作業を行う機械」でしょう。

「あれ！？ もしかして単純作業を行う機材が導入されると……」

そうです。機械を導入した代わりに、単純作業を行っていた人員がカットされるんです。そして、この「単純作業を行っていた人員」は、最低賃金の労働者である可能性は高いですね。企業は「最低賃金が上がったなぁ。今までは労働者を雇った方が割安だったけど、これからは機械を導入した方が安上がりだ。会社が生き残るためだ。やむを得ない、機械を導入して、労働者を減らそう」と考えるわけです。

結局、格差を小さくするつもりの規制が、逆に格差を広げる結果になるのです。一見、弱者救済に見える制度や規制でも、逆に弱者を苦しめる結果になり得ます。これはしっかり理解しておかなければいけない点です。

ぜいたく税は何をもたらすか？

「こうなったら、金持ちに税金をかけよう。生きていく上で必要がないぜいたく品に、ガンガン課税すればいいじゃん！」

「金持ちからは税金をたくさん取ってもいいだろう」「取るべきだ」という考えから、いわゆる「ぜいたく品」に高い税金がかけられることがあります。クルーザーや宝石など、生きていく上で必ずしも必要ないものには高い税金をかけようという主旨です。

たしかに、「お金持ち」は、生活に余裕があるので、多少多く税金が取られても、それほど痛くはないでしょう。

でも、ここでも「金持ちから取って、貧しい人を救おう」という意図通りになるとは限りません。この「ぜいたく税」の結果、その「貧しい人」がより貧しくなることがあるのです。

「なんで？？ ぜいたく品に課税しているだけだよ！？」

おっしゃる通り、貧しい人はクルーザーなどの高額ぜいたく品は買いません。でも、考えてみると、クルーザーを製造する工場で働いたり、宝石を採掘する現場で働く人は、「貧しい人」かもしれません。

「ぜいたく税」がかけられると、当然その分需要が減りますね。一般的にぜいたく品は生活必需品よりも、値段の変化に敏感に反応します。生活必需品は、多少値上げされても買わざるを得ませんが、ぜいたく品は課税されて値段が高くなると、「じゃあ買わない。別に買う必要ないし」と需要が急激に減ってしまうのです。

「あれ？ そうすると、仕事がなくなっちゃうんじゃない？」

そうなんです。高い税金をかけても買ってくれればいいですが、その商品が売れるのを税金が邪魔をすることも十分あり得ます。その時に困るのは、金持ちではなく、「貧しい人」になります。

仮に「よかれ」と思ってやったことでも、政府が市場の原理を強引に捻じ曲げると、より被害が拡大する可能性があります。これを「市場の失敗」に対して、「政府の失敗」といいます。もちろん、全てのケースでこのような「裏目」が出るわけではありません。でも、裏目に出ることもあるということを知った上で、慎重に実施しなければいけませんね。

まとめ

所得の再配分を狙って、「弱者救済」の目的で行う政策は、逆に「弱者」を苦しめる結果になりえる。

第４節　需要と供給の話

ここまでで、「家計がベストな買い物をするための考え方」「企業がベストな生産活動をするための考え方」を説明してきました。じつはこれらの考え方が「需要曲線」と「供給曲線」を作ることになります。と言われても、イメージが湧かないと思いますので、さっそく説明していきます。この「需要曲線」と「供給曲線」は、経済学を語る上で、絶対に外せないものなので、しっかり理解してくださいね。

需要曲線・供給曲線とは？

需要曲線を説明する前に、「需要」という言葉について、確認しておきます。

「そんなの分かってるよ。
『ほしい！』と思う気持ちのことでしょ？」

その定義だと少し曖昧ですね。経済学で使う「需要」という言葉は、「ある決まった価格（与えられた価格）で買おうとする商品の量」を指しています。ちなみにこの「与えられた価格」を「所与の価格」といいます。

つまり、「需要」とは、「現実に買おうとしている量」で、「ほしいと思う気持ち」ではないんです。「来年こそは海外旅行に行きたいなぁ～」とか「いつかプラダの財布買いたいなぁ」という「願望」は、経済学では「需要」とみなしません。

そして、「いくらだったら、いくつ買うか」という関係をグラフに表したのが、「需要曲線」になります。さきほど、消費者がベストな買い物をするために「『1円当たりの満足感』を比較している」と説明しました。そして、「価格が変わったら、買う量が変わる」とも言いましたね。その価格と購買量の関係がこの需要曲線に現れているんです。

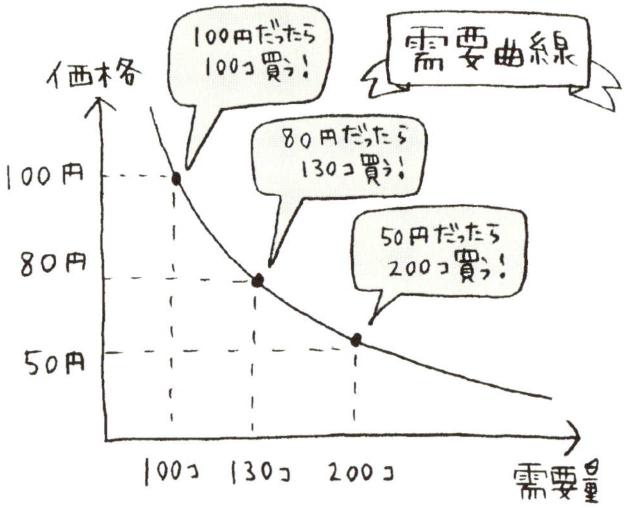
需要曲線
価格
100円だったら
100コ買う！
80円だったら
130コ買う！
50円だったら
200コ買う！
100円
80円
50円
100コ
130コ
200コ
需要量

「なんだか複雑だなぁ」

普段は「商品の価格が安くなれば、もっと買おうとするから需要曲線は右下がり」という理解で問題ありません。でもその背景には、個人の「自分が資源配分を最適化しよう」という意識が働いているのです。

一方、同じように供給曲線もさきほど説明した「ベストな生産活動」の結果出来上がっています。「供給曲線」は、企業が「その価格で、実際に生産する商品の量」をグラフに表したものです。この供給曲線は、企業がベストな生産をしようと、商品の価格と、自社の生産効率を見比べた結果です。それが供給曲線になっているんです。

簡易的には「価格が上がれば売りたい人が増える」という理解で問題ありませんが、これも企業が資源配分を最適にしようとした結果、ということを忘れずにお願いします。

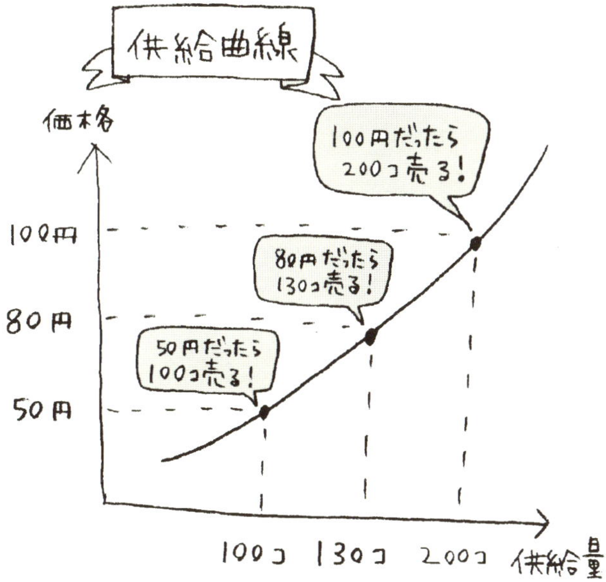
供給曲線
価格
100円だったら
200コ売る！
80円だったら
130コ売る！
50円だったら
100コ売る！
100円
80円
50円
100コ
130コ
200コ
供給量

これまで、家計（個人）の行動や判断と、企業の行動・判断を別々に説明してきたわけですが、本当はお互いの行動はお互いに影響を与えています。なぜなら、商品を買う家計にも、商品を売る企業にもお互いに「希望取引価格」があるからです。

お客さんが「安く買いたい！」といっても、企業がその価格で売ってくれなければ実現しません。また、家計と企業がお互い納得する価格が分かって、初めて取引が成立します。そして初めてどのくらい取引されるかが分かるんです。

「じゃあ、このままじゃ分からないね」

その通りです。そこで、この需要曲線と供給曲線を重ねて書きます。

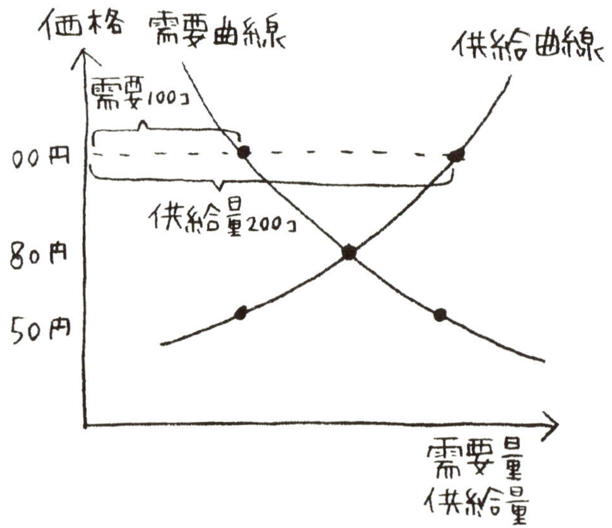

たとえば、商品の価格が100円だとします。100円だと需要量は、100個しかありません。一方、供給量は200個もあります。大半の消費者が「100円の価値はない」と思っている一方で、多くの企業が「100円だったら、たくさん生産しよう！」と感じているわけです。この状態では、供給過剰（供給が需要に比べて多い状態）で、大量に売れ残りが発生するということが分かります。

商品価格が50円の時には、逆に需要過剰（需要が供給に比べて多い状態）になりますね。同じように考えていくと、価格が80円の時は、需要と供給が一致して、売れ残りも品切れも起こらなくなります。

交わったところが「均衡点」

ふたつのグラフが交わったところでは、「売りたくても売れない！（売れ残り）」も「買いたくても買えない！（品切れ）」もなくなります。つまり、家計は、自分が買おうと思う数を買えて、企業は自分が売ろうと思う数を売れるわけです。みんなが満足している状態ですね。

この状態を「均衡」といい、ふたつのグラフの交点を「均衡点」といいます。またその時の商品価格を「均衡価格」、取引量を「均衡取引量」といいます。結論からいいますと、取引が自由に行われれば商品の価格は「均衡価格」になるんです。

「なんで？？」

たとえば、現時点での商品価格が均衡価格より高いとします。そうすると、消費者は「そんなに買わない」、企業は「たくさん生産する！」という状態です。これでは、売れ残りが起きてしまいます。

商品が売れ残ると、企業はその分、丸々損をしてしまうので、なんとかして売ろうとします。そして価格を下げます。最後の1個が売れるまで価格を下げていくのです。取引が自由に行われて、企業が自分の利益を増やそうとがんばると、自然に「ちょうど売り切れる価格（均衡価格）」まで値段が下がっていくということです。

「販売促進策は値下げしかないわけじゃないよね？ 売り場を目立たせたり、営業がんばったり。売れないからって、すぐに値段を下げるのはイケてないよ」

わたしたちの現実の仕事を考えると、商品が売れ残りそうな時には、「○×チェーン店への営業を強化する」「POPのデザインを変える」など、いろんな対応策をとりますね。

でも、経済学では市場全体を考えているので、そのような具体的な策を考えることができません。あくまでも市場で統一的に実施できる対策のみを考えるのです。それが「価格の変更」なんです。

逆に、均衡価格よりも、現時点での価格が安かったらどうなるでしょう？ その時は、企業は「そんなに安かったら、少ししか生産できないよ」と思い、消費者は「そんなに安いんだったら、たくさん買いたい！」と思っています。そのまま放っておくと、品切れが続出してしまいます。

しかし、ここでも、企業が自社の利益を増やそうと行動します。企業は「これだけ買いたい人がいるんだったら、少しくらい価格を上げても売れるよね」と考えて、商品の価格を上げようとします。商品を買えずに待っている人がいなくなるまで、価格を上げるんです。結果的に、「均衡価格」に落ち着くのです。

つまり、結果として、現時点で価格が高くても安くても、だんだん「均衡価格」に近付いていき、やがて均衡点に落ち着くことになるんです。

「へぇ、不思議なもんだね」

ここで大事なのは、この均衡価格は、「たまたま決まった価格」ではなく、「当然の結末」として決まった価格ということです。もし小中学校の理科のように、何度も実験ができるとしたら、何度やっても結果は「均衡点」になります。時間や季節や商品の内容に関わらず、均衡点に落ち着くんです。

これはU字形のレールの上でビー玉を転がす時と同じです。誰が転がしても、何回転がしても、最終的には同じ場所に止まりますよね。

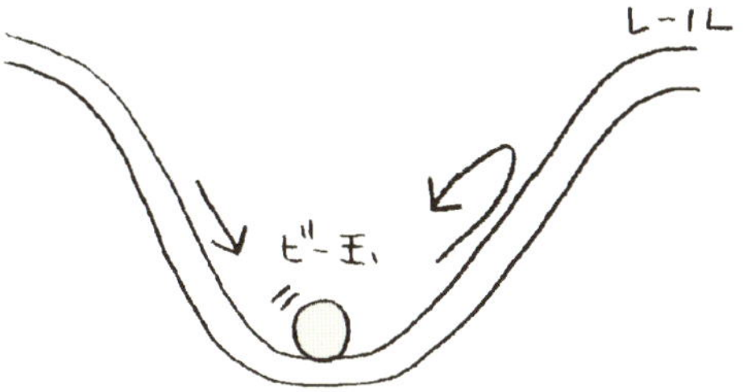

「なるほどね。仮に、一時的に超過需要や超過供給が起きても、やがて必ず均衡点になるんだね」

その通りです。ただ、このように調整がされるのは、自由に取引ができて、かつ「企業が自分の利益を増やそうとしている場合」で、さらに、その結果「価格を変えようとする場合」だけです。そうでなければ、調整はされず、超過需要や超過供給はずっと残り続けることになります。

「そうでない場合」の最たる例が、「社会主義経済」かもしれません。社会主義経済の中では、企業は自社の利益を増やしたいとは思っていません。「売れ残り」「品切れ」が起きても、何も対策を取ろうとしないでしょう。結果的に「超過需要／供給」はなくなりません。

「そっか。日本がそうじゃなくてよかった！」

これは社会主義経済だけじゃなくて、同じようなことが資本主義経済でも起こり得ます。

たとえば、超一流ホテルでは、今日空室（売れ残り）が出たからと言って、「じゃあ安売りしてお客さんを呼ぼう！」とは考えません。値下げをすれば、今日の売上は増えるかもしれませんが、ブランドを傷つけてしまい、長期的に考えると逆に売上を減らしてしまう恐れもあります。だからそう簡単に値下げはしないのです。

また、大人気の遊園地でも、ゴールデンウィークや夏休み、クリスマスなどは非常に混みます。でも値上げをしませんね。だからあんなに並ぶんです（超過需要が発生するのです）。

均衡点は動く

均衡点は、「何度やっても、やがて落ち着く場所」です。何らかの原因で、均衡点から離れることがあっても、やがてまた戻ってくるわけです。これは、商品の価格は、長い目で見ると「均衡価格」になるということです。

ただし、これは「ずっと価格が変わらない」ということではありません。均衡点自体が変われば、商品の価格は変わります。

「均衡点って変わるの？？」

そうです。均衡点は「宇宙の絶対真理」で決まっている点ではなく、需要曲線と供給曲線の交点にすぎません。だから、その交点が変わってしまえば、均衡点も変わるのです。それをグラフで考えると、ふたつの曲線のどちらか、もしくは両方が動くということです。

「需要曲線と供給曲線が動く……？？」

需要曲線は、消費者が感じる「その商品1円当たりの満足感」が基になって決まっていると説明しましたね。だから、その満足感が増えたり減ったりすれば、需要曲線の場所自体が変わるんです。ちなみに、曲線が動くことを「シフトする」と表現します。

一方、供給曲線も「商品の価格」と「生産費用」が基になっています。だから、これらの要素が変化すれば、曲線自体が変わるんです。

「なんか数学っぽくて嫌だな……」

「グラフが動く」と聞くと、難しそうに感じるかもしれませんが、そんなことはありません。グラフが動くとはどういうことか、その意味を押さえていただければ、グラフを理解していなくても大丈夫です。

需要・供給曲線が動くということは、「商品の値段は同じでも取引量が変わる」ということを意味しています。つまり、状況（価格）は一緒なのに、結果（取引量）が変わっているということを示しているのです。

需要曲線、供給曲線がシフトすることを理解できると、「将来」を予測することができるようになります。つまり、外部環境が変化したり、国が政策を実施すると、市場にどんな影響を与えるか、つまり消費者と企業にどんな影響が出るかを事前に予測することができるのです。国の政策担当者に必要な知識であることはもちろんですが、ビジネスの市場環境や企業の株価動向を判断する際に役立つ考え方です。

需要曲線が動くというのは、「その商品の値段が高くなったから少ししか買えない（安くなったらたくさん買える）」というような変化ではありません。「商品の値段は変わらないのに、以前と比べてたくさん買うようになった（あまり買わなくなった）」というのが、需要曲線が動く（需要曲線がシフトする）ということです。

「商品の価格が変わってないのに」というのがポイントです。

逆に考えると、曲線が動くと、商品の価格が変わらないのに、取引量が変わります。すると、「もし、このように曲線が動いたら、今の値段で取引量が増えるね！」ということも分かったりするんです。

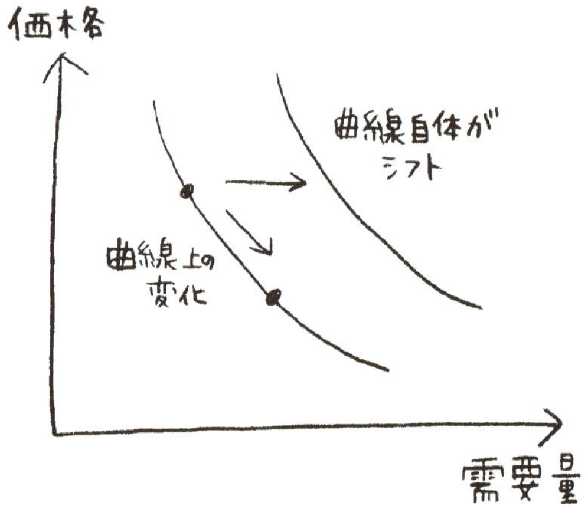

「具体的に、どうすると曲線がシフトするの？」

では、需要曲線から説明していきましょう。しつこいですが、需要曲線は、消費者が感じる「その商品1円当たりの満足感」が基になって決まっています。だから、その満足感が増えたり減ったりすると、需要曲線がシフトするんです。たとえばこんな理由です。

- 人々の趣味嗜好が変わって、「古臭い商品」になってしまった
- ライバル商品Bがバージョンアップしてより魅力的な商品になった

→ 価格を変えなくても売れなくなる（商品の満足感が減る）

- エコの意識が高まり、環境にやさしい自社商品Aの人気が高まる
- ライバル会社の商品が値上げされ、顧客が自社に流れてきた

→ 価格を変えなくても売れなくなる（商品の満足感が増える）

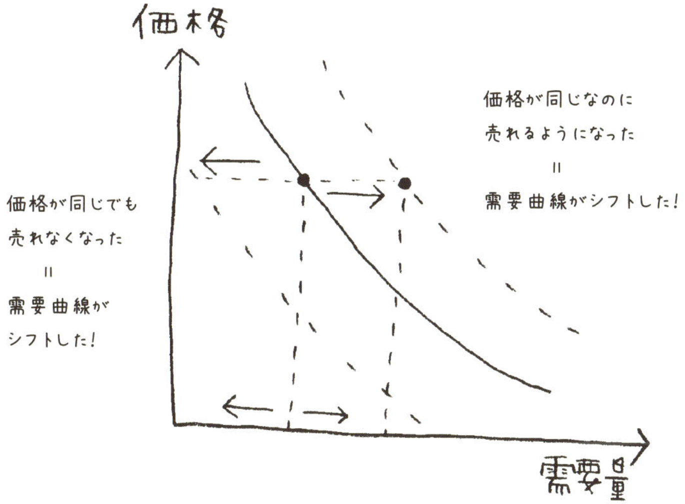

さらに需要曲線は、消費者の所得が変わってもシフトします。

商品の値段は変わっていなくても、給料が半分になってしまったら、買える量は減りますよね。逆に給料が増えれば、たくさん買えるようになるはずです。これは個人の所得で考えても、国全体の景気で考えても

同じことが言えます。

「じゃあ供給曲線は？ どういう原因でシフトするの？」

供給曲線は、「商品の価格」と「商品の生産費用」が基になってできています。だから、需要曲線と同じように、これらが変われば供給曲線も変化すると考えられますね。

繰り返しになりますが、供給曲線がシフトするということは「商品の値段は変わらないのに、供給量が増える／減ること」です。だから「商品の価格」の変化は、ここでは無関係です。結局「商品の生産費用」が問題になります。

つまり生産費用が増えたり減ったりすることで供給曲線がシフトするというわけです。

「生産費用が変わるって、具体的にどういうことなの？」

生産費用が変わるのは、大きく分けて、原材料の値段が変わるか、生産効率が変わるかです。

パソコンメーカーで考えれば、部品である半導体の値段が上がれば、生産費用が上がります。商品の価格（パソコン価格）が変わらないとすると、原材料費が上がった分、利益が少なくなるので、生産量を減らします（「ベストな生産規模」が小さくなります）。また、費用が増えたため、赤字になって倒産する企業も出てくるでしょう。そのため市場全体で見ると、供給量が減るんです。

一方、企業の生産効率が上がって、パソコン1台当たりにかかる費用が下がったとすると、企業は生産量を増やします。結果として、パソコン価格は変わらなくても、供給が増えます。

たとえば新聞で「新技術が開発され、パソコンの生産性が50％アップした」という記事を目にしたら、「これによって供給曲線が動いて、パソコンの取引量が増えそうだな」という予想が立てられます。

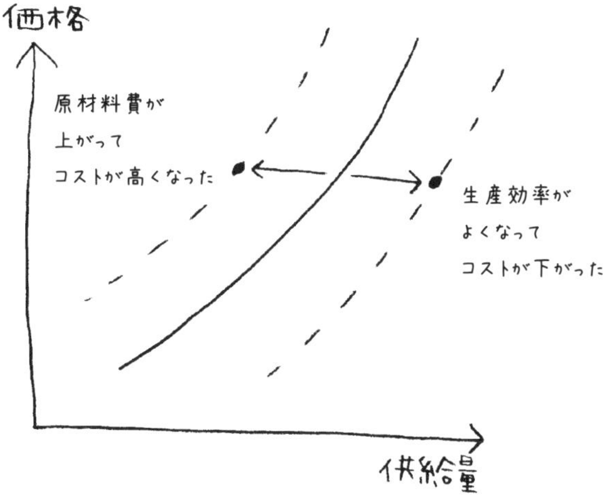

そして、需要曲線と供給曲線自体が動けば、必ず交点の場所が移ります。新しい均衡点ができるわけです。

「新しい均衡価格と、均衡取引量が決まるってことだね」

その通りです。均衡価格・均衡取引量がどう変化するかは、ふたつの曲線がどのように動くかによります。

まとめ

需要曲線とは、「商品がいくらだったら、いくつ買うか」という関係をグラフに表したもので、個人が自分の資源配分を最適化しようとした結果が反映されている

供給曲線とは、「商品がいくらだったら、どのくらい生産するか」をグラフに表したもので、企業が自分の資源配分を最適化しようとした結果が反映されている

需要曲線と供給曲線が交わったところが均衡点になるが、曲線自体が動けば均衡点の場所も変化する

需要曲線、供給曲線が動き方

① 需要曲線が右シフト（取引量が増えて、値段も上がる）：景気がよくなったり、オリンピックやワールドカップなどの「お祭り騒ぎ」の時には、供給は変わらず需要だけが増えます。商品の価格は上がり、取引量は増えます。

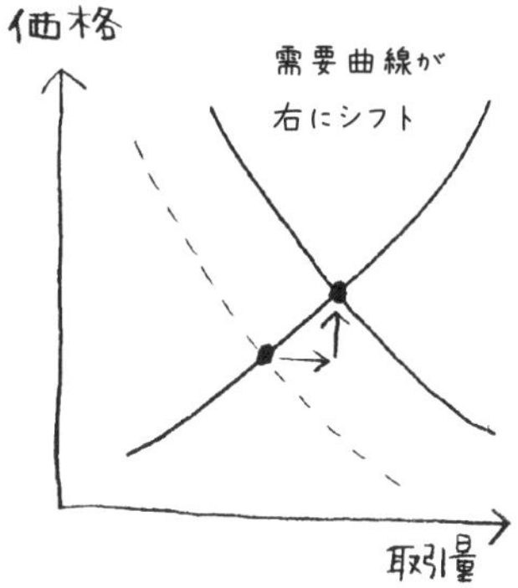

② 供給曲線が右シフト（取引量は増えるが、値段は下がる）：IT革命など、いろんな産業の生産コストを下げる技術改革が起きたり、安い原材料が海外から調達できるようになったりすると、供給曲線が右に動きます。商品の価格が下がり、かつ取引量が増え、消費者にも企業にも好ましい状態になります。

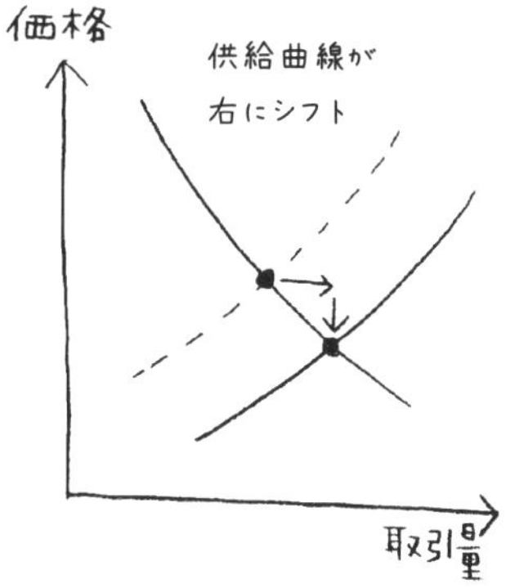

③ 需要曲線が左シフト（値段は下がるが、取引量は減る）：不景気で需要が減ると、需要曲線が左に動き、価格が下がりますが、需要が減って「売れない」ため、取引量が減ります。

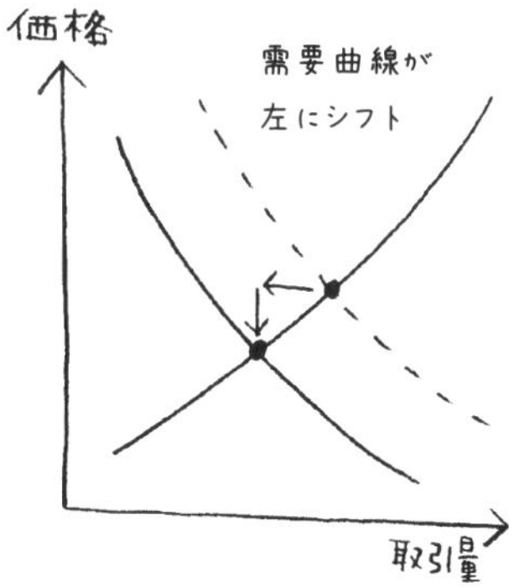

④ 供給曲線が左シフト（取引量は減って、値段が上がる）：何らかの規制ができて生産が非効率になったり、原材料価格が高騰すると、供給曲線が左にシフトします。為替が急激に円安になると、輸入価格が上がるため、同様の状況になりえます。

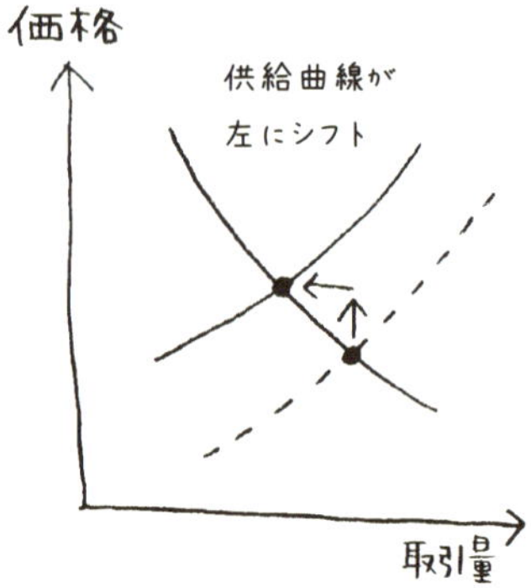

⑤ 両曲線が右シフト（取引量が大幅に増えて、値段は変わらず）：社会が発展すると、需要も、供給も増えて、両方の曲線が右にシフトします。値段は変わりませんが、全体の取引量が増えています。

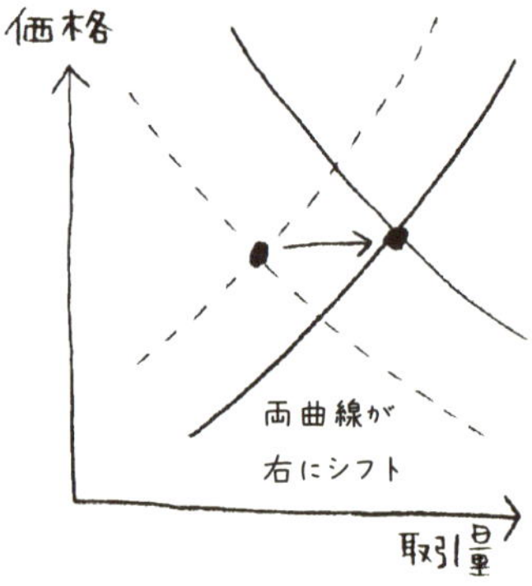

⑥ 両曲線が左シフト（取引量が大幅に減って、値段は変わらず）：経済が衰退すると、需要も供給も減り、両曲線が左にシフトします。この場合も取引価格は変わりませんが、全体で見て取引量が少なくなっています。

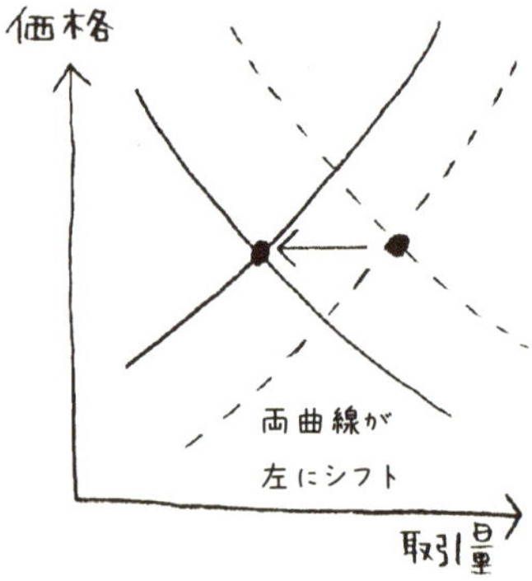

第5節　不完全競争市場の話

今までは、「完全競争市場」を想定していました。「完全競争市場」にいる企業は、全く同じ商品を、全く同じ価格で売っています。つまり、「商品の質や価格を工夫して、利益を増やすこと」ができない企業をイメージしていました。

実際にそういう企業はいます。でも、世の中には、オリジナルの商品を開発して、独自の価格設定で売っている企業も多数存在しています。そういう企業は、何を考えて、どういう戦略をとっているのでしょう？今度はそれを考えていきます。

なお、その商品を提供している会社が1社、もしくは少数で、「完全競争市場」にならない時、その市場は「不完全市場」と呼ばれます。

完全競争市場の企業は、一番競争が激しい例です。そして今度は、一番競争が少ない「独占企業」を想定します。「独占企業」とは、そのジャンルの商品を売っている企業が1社しかない企業のことです。ライバル商品がないということですね。正確にいうと「市場の過半を1社で占めている企業」も独占企業という呼び方になりますが、話を単純にするために、ここでは「ライバルがいない企業」として考えます。

また、その商品を売っている企業が他にないので、自社の生産量がそのまま、「市場への供給量」になります。これは非常に重要なポイントです。自社の生産量がそのまま供給量になるということは、市場にどのくらい商品を供給するか、を自分で決められるということです。

「それがそんなに重要なことなの？」

商品の価格は、需要と供給のバランスで決まります。そのため、供給量を操作すれば、価格を操作することができるわけです。つまり、意図的に供給量を減らして、価格を吊り上げることができる、ということなんです。

独占企業は、本来、市場でバランスが取れて決まる均衡価格よりも高い価格を設定して、利益を余分に稼ぐことができるのです。なお、この「余分の利益」を「超過利潤」といいます。

「なんだかブラックな感じがしてきたね。やっぱり、独占企業が目指しているものは、大きな野望だったりするのかな。世界征服とか」

独占企業も企業なので、目的は一緒です。つまり「自社の利益を最大限に増やすこと」を第一に考えています。そして、利益を最大にするための条件も、完全競争市場の場合と一緒で「限界収入＝限界費用」となる規模で生産量を決めることです。ここは変わりません。

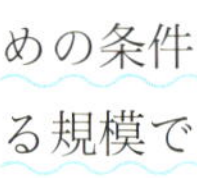

「え？ ライバル企業が多くても少なくても、同じことだけ考えていればいいってこと？」

その通りです。ここは意外に感じるところかもしれませんが、じつは独占企業も、プライステイカーとなっている一般企業も、同じポイントに注意して生産をしているんです。

ただ、独占企業が他の企業と違うところがあります。それは、独占を維持するための戦略です。

ライバルが大勢いる企業よりも、市場を独占していてお客さんは自分から買うしかないという状態を作れた独占企業の方がいいですよね。だから、「どうすれば利潤を最大にできるか」を考えると同時に、「どうすれば『独占状態』を維持できるか」も考えて戦略を決めているんです。

「独占状態を維持するなんてできるの？？
法律を作ってもらうとか？」

その企業が法律や何らかの規制で守られていて、他の企業が同じビジネスをできない状態だったら、その企業は簡単に独占企業の座を守り続けることができます。

でもこれは、企業がそういう規制を望んでも実現するかどうかは分かりません。それに、資本主義経済のなかでは、そのような規制は多くありません。企業が独占企業の座を守ろうとするには、何か別の手段を考えなければいけないんです。

結論から言いますと、商品の価格を操作して、ライバルが参入できないようにするのです。これを「参入阻止価格」といいます。

「商品の価格を操作して……？
ライバルが参入できないように……？」

どういうことか説明しますね。

ビジネスを始めようとする企業が一番最初に考えることは、そのビジネスで自社が利益を出すことができるか、です。たとえ世間で大流行している商品でも、これから自分の会社が生産して売り出した場合に、赤字になる見込みだったら、そのビジネスには参入しません。

そして、ライバル企業が利益を出せるか出せないかは、売上の見込みと生産費用によります。

企業の売上は、売る商品の値段に大きく影響を受けますね。商品の価格が安ければ企業は利益を出しづらくなります。とすると、ライバル企業が「こんな安くちゃ、採算が合わないよ。参入するのをやめておこう」と思うくらい、あらかじめ商品の市場価格を下げてしまえばいいのです。

ここでは「独占市場」を想定していますので、お客さんにいくらで商品を売るかを決めるのは、「自分」になります。

完全競争市場では、企業はプライステイカーになるので、自社で販売する商品の値段を自分で決めることができませんでした。

でも独占企業は違います。他の誰の意見も聞く必要はありません。自分で好きに決められるのです。

「いくらまで下げればいいの？」

それはライバル企業の生産費用と関わってくるんです。ライバル企業が参入してくるのを防ぐには、結果的にその企業が利益を出せなければいいわけですよね。

だとしたら、ライバル企業が、どんなに効率的な生産をして、コストダウンをしても利益が出ないくらいまで価格を下げてしまえばいいわけです。そして、いくらまで下げればいいか、は相手のライバル企業がいくらまでコストダウンできるかによります。

「そっか。じゃあガンガン値下げして、ライバルを寄せ付けなければいいんだね！」

ただし、気をつけなければいけないのは、「ライバル企業が参入してこないようにする戦略」と「自社の利益を最大にする戦略」は別モノということです。

言われてみれば当然のことですが、ライバルが入ってこないように商品の価格を下げれば、同時にその分自社の売上も減ってしまいます。価格を下げ過ぎると、ライバルの参入は阻止できても、自社の売上が極端に減ってしまう、ということも十分あり得るんです。

だから、ライバル企業をよく研究して、参入してこれないギリギリのラインをうまく見極めなければいけません。

もうひとつ注意点を説明しておくと、この「参入阻止価格」は法律違反になる場合があります。【経済学の考え方 その10】で説明した通り、経済はみんなが自由に競争するのがベストです。この参入阻止価格は、健全な競争を妨げることにもなり、社会全体にとって悪影響を及ぼす可能性があります。

だから違反になることがあるんです。実際、「○×社が自社の商品を不当に安く売った疑い」という経済事件は、テレビや新聞でもよく報道されています。

まとめ

独占企業が、利益を最大にするためには、「限界収入＝限界費用」となるところで生産量を決めればいい。これは完全競争市場にいる一般企業と同じ。独占状態を維持するために、商品を「参入阻止価格」に設定することもある。

第3章

大学で履修する入門マクロ経済学

第1節 マクロ経済学って何?

ここからはマクロ経済学です。

まず、マクロ経済学とは何か? そしてマクロ経済学の目的は何か? 結局何をしようとしているのか? を説明します。

マクロ経済学の「マクロ」とは、「大きい」「巨視的」という意味です。つまりマクロ経済学は、「大きく見る経済学」なんですね。ミクロ経済学では、一個人や一企業の行動を分析してきました。それに対して、今度のマクロ経済学では、国の経済を全体的にまとめて分析します。

「で、マクロ経済学の目的は何なの?」

マクロ経済学の目的は、一言で言うと「失業率と、インフレ率を低く抑えながら、経済を発展させていくにはどうすればいいか、を考えること」です。

もっと単純化するとこういうことです。

まず、国の経済を分析する目的は、経済を発展させることです。つまり、「もっと経済を発展させるためには、もっと生活を良くするためにはどうすればいいか?」を考えていった結果、マクロ経済学という分野ができたのです。

ただ、国民の生活を考えると、単純に経済の規模が大きくなればいいということではありません。いくら国全体で見て経済が発展しているからといって、国内で失業者があふれて、貧富の差が激しくなっていたら、「いい状態」とはいえません。

また、物価も安定している必要があります。物価が不安定だと、今日は買えた商品が明日いくらになるか分からず、買えなくなるかもしれません。国民は安心して生活できませんし、様々な弊害が出て、経済発展に、また国民の生活にマイナスの影響を与えます。なお、「この物価を安定させる」を、経済学的に言うと「インフレ率を低く抑える」という言い方になります。

だから、経済を発展させることに加えて、失業率を低く抑えることと物価を安定させる（インフレ率を低く抑える）ことを、経済を発展させる上での「付随条件」として考えるのです。

ただ、気をつけていただきたいのは、あくまでも主な目的は経済発展ということです。失業者が全くいなくなり、かつ物価が安定すれば、経済が発展しなくてもいいのかというと、そうではありません。

もし「失業者ゼロ」「物価が変わらない」ということを目指すのなら、社会主義経済（計画経済）にすればいいのです。国が国民の仕事と商品の価格などを全て決める計画経済では、全員に仕事が割り当てられますから、失業者はいなくなります。それに物価のコントロールも完璧です。

でも、その結果かつてのロシアや中国のように、経済が低迷して国全体が貧しくなってしまったら、本末転倒ですね。なので、「低失業率」「低インフレ率」はあくまでも「２番目の条件」と考えるべきなんです。

「よく分かんないんですけど……」

この段階では、腑に落ちていなくても大丈夫です。とりあえず、

「マクロ経済学の目的」＝「経済を発展させること。ただし、失業率とインフレ率を低く保ちながら」

を念頭に置いてこれから先を読んでください。

まとめ

マクロ経済学の目的は、低失業率と低インフレ率を保ちながら、経済を発展させていく方法を探ること

マクロ経済学における「家計」と「企業」の関係

ミクロ経済学でも、「家計」と「企業」の関係について説明しましたね。企業が家計を労働者として雇って、商品を生産します。家計は企業からもらった給料で、企業から商品を買います。お互いに持ちつ持たれつの関係だったわけです。

マクロ経済学でも同様に家計と企業の行動は関連しています。ただ、視点は少し違いますので改めて説明しましょう。マクロ経済学では、家計と企業のつながりは、主に「貯蓄」と「投資」に関して重要になります。

「どういうこと？？」

企業が拡大していくために、さらには経済が成長していくためには、家計がお金を貯蓄し、それが企業にわたって、企業が自己投資をする必要があるということです。

企業は日々の商売で必要なものを仕入れ、労働者を雇い、営業活動をしています。健全な企業であれば、まず仕入れた商品を売って、そのお金でまた仕入れをする、という形で、会社が継続していくでしょう。

でも、事業を拡大しようと考えたら、手持ちのお金では足りないこともあります。そんな時はお金を借りなければいけません。

企業は、銀行などからお金を借りたり、もしくは株を発行して資金を集めます。でも、いずれにしても、どこかに「余っているお金」がなければ企業は借りることができません。

「余っているお金なんてあるの？？
だったらそのお金ちょうだい！」

「余っている」というのは、「誰もほしがらない」という意味ではなく、「今は使うあてがない」という意味です。

結論からいうと、「家計の貯蓄」がこれにあたります。家計は、自分の給料を全部使うのではなく、一部を貯蓄します。みなさんも銀行に預けますよね。このお金を企業は借りることができるのです。

家計は企業から給料を受け取りますが、そのうちの一部のお金が銀行等を経由して企業に貸し出されます。再度企業に「戻る」わけですね。その結果、企業は事業に必要な資金を入手できる、という関係なんです。ここでも「家計」と「企業」は持ちつ持たれつなんです。これがマクロ経済学で重要な「家計」と「企業」の関係性です。

ここで、もし家計の貯蓄が全然なかったら、つまり家計が給料を全部使って買い物をしてしまったら、企業は必要な時にお金を借りられなくなります。そうなると、企業は思うように自己投資ができず、生産性を上げられません。となると、経済発展の「幅」も限られてしまいます。

家計が自分の所得の一部を貯蓄するのは経済発展にとても重要なことなのです。

「えー、でも家計が消費をするってことは、
商品をたくさん買ってるんでしょ？
それで経済発展に支障が出るの？ 納得できないなぁ」

後ほど説明しますが、経済は「短期」と「長期」に分けて考える必要があります。「短期」で考えると、作った商品がたくさん売れれば企業は儲かり、景気が良くなります。

でも、「長期」で考えると、どれくらい商品が売れるか、もさることながら、どれくらい効率的に商品を生産できるか、が成長のカギを握るんです。つまり生産性が上がらなければ、経済は大きくなっていかないということです。そして、その企業の生産性を向上させるのは、企業の投資（自己投資）で、さらに、企業が投資をするためには家計の貯蓄が必要なんです。

まとめ

マクロ経済学で重要な家計と企業の関係は、「貯蓄と投資」。家計の貯蓄を企業が借りて、投資に充てる。

「短期」と「長期」～価格調整が「される前」と「された後」で考える

マクロ経済学を考える時に、まず意識しなければいけないのが「短期」と「長期」についてです。「短期」で考えているのか、「長期」の視野に立っているのかによって、同じ現象でも意義が変わり、同じ政策でも意味が全く変わるからです。

後で詳しく説明しますが、アダム・スミス以来、20世紀の初めまでは、全てを「長期」で考える「古典派経済学」が主流でした。そして、世界恐慌の混乱の中、「短期」という考え方をベースに経済学を組み立てたのがイギリスの経済学者 ジョン・メイナード・ケインズです。

「短期ってどういうこと？『1年未満』くらい？」

経済学でいう「短期」「長期」は具体的に何年未満、何年以上と決まっているわけではありません。具体的な年数ではなく、「需要と供給のアンバランスが調整されるのに必要な時間」を考え、それより長い期間を「長期」、短い期間を「短期」と呼んでいます。

要するに、ケインズは、「価格が調整されていない期間が存在する」ということを主張したわけです。

たとえばこういうことです。

仮に商品の需要が供給よりも多かったとします。「超過需要（需要が多すぎ)」が発生していて、商品が品切れになっている状態です。とすると、企業は生産量を増やそうとします。この時、「『短期』では品切れ状態は解消されない」「『長期』では、企業が増産してちょうどいいくらい商品が生産されるようになる」、と考えるわけです。

ただし、これは「時間が経てばちょうどいい状態になる」ということではありません。単純に「問題が起きても時間が解決してくれる」ということじゃないんです。

「え？ 違うの？？」

時間が経てば自然に適切な状態になるのではありません。

長期で需要と供給のギャップが調整されるのは、「価格」が変化するからなんです。価格が変化しなければ、ギャップは解消されません。

つまり、「長期ではギャップが解消される」というのは、「ギャップが解消されるように、価格が変動した後を長期と呼びましょう」ということを言っているだけなんです。

「どういうこと？」

商品が品薄状態の時は、まず企業は生産を増やして対応します。でも対応しきれないくらいに需要が多かった場合は、価格が上がります。そして価格が上がれば、需要が減っていきます。そうなることで、需要と供給が結果的に釣り合うようになるのです。

逆に、供給が多かった場合は、企業が生産を縮小すると同時に、商品の価格が下がっていきます。そうすると、「あ、安くなったから買おう」と思う人が増えます。つまり需要が増えます。その結果、需給がバランスするんです。

最初はアンバランスが生じていても、やがてちょうどいい状態になっていくのです。とても都合がいいメカニズムですね。

さらに言うと、通常の「商品」に限った話ではありません。「労働力」も一緒です。労働供給（仕事に応募する人）が多くて、労働需要（労働者を募集する企業）が少ないと、応募者があふれてしまいます。つまり失業が発生するのです。

でも、ここで労働の値段である給料が下がれば、「あ、安くなったからもっと雇おう」と考える企業が増えます。つまり労働需要が増えるわけです。その結果、需給がバランスして、「失業がなくなる」と考えられます。

「そうか、時間が経てばだんだん『ちょうどいい状態』になっていくもんね」

ここで、みなさんに注意していただきたいことがあります。先ほども説明しましたが「短期」と「長期」は、カレンダー上の時間（日数、年数）を指しているわけではありません。

そうではなく、「価格が調整される前」を「短期」、「調整された後」を「長期」と呼んでいるのです。つまり「長期」といっても必ずしも「遠い将来」を指しているわけではないんです。

マクロ経済学では、「短期」「長期」という言葉で説明されるので、知らず知らずの間に「短期は近い将来」「長期は遠い未来で、まだまだ先の話」というイメージを持ってしまいます。でも、それは間違いです。

繰り返しになりますが、「長期」は、「価格が調整された後」を指します。でもその調整スピードは、対象（商品）によって全く違います。株や為替のようにほんの数分で調整される場合もあれば、それこそ何年も何十年もかかるものもあるんです。

「長期」が実際に「遠い未来」となることもありますが、もしかしたら「数分、数時間後の世界」の可能性もあるんです。

「ちゃんとそれを理解していないと、経済学が理解できないんだね。きっと」

その通りです。大事なポイントです。

そして、「古典派経済学」は「長期」でしか経済を見ていません。短期を考慮していないのです。なぜかというと、「どんな時でも価格が素早く調整される」と思っているからです。

たとえ需要と供給のバランスが崩れても、価格が猛スピードで変化すれば、すぐに重要と供給が均衡します。ちなみに経済学では、これを「価格が伸縮的」と表現します。

価格が完全に伸縮的だと（価格が超柔軟に上下すると）、需給のバランスがとれます。だから「短期」は考える必要がないんです。

それに対してケインズが考えたのは「価格はそんなに早く調整されない（企業はそんなに素早く価格を変えない）ということです。だから、需給のギャップもそんなに早く解消されない」のです（これを「価格が硬直的」という言い方をします）。

つまり、「古典派経済学」とケインズの理論に違いが生まれるのは、

「需要と供給にギャップがあった場合、価格が変化するかどうか、素早く変化するかどうか」の意見が根本的に違うから、なんです。

「じゃあ、ケインズは『売れ残り』や『品切れ』が起きても、企業は何も対応策を取らないと考えたの？」

いえ、そうではありません。ケインズは、価格の代わりに「数量」が調整されると考えました。たとえば、自社の商品が売れ残った場合、値下げをするのではなく、生産量を減らすのです。また、品切れが続出する場合は、値上げではなく「増産」で対応するはずだと考えたわけです。

ここは「古典派経済学」と大きく異なるところですね。「古典派経済学」は、需給のアンバランスが「価格で調整される」と考えたのに対して、ケインズは「数量で調整される」と考えたのです。

「ふーん。言ってることは分かるけど、そんなに重要なことなの？」

「(価格が調整されない) 短期」の視点で見るか、「(すべての価格が調整されて需給のギャップがなくなる) 長期」の視点で考えるかは、マクロ経済学の分析にとって非常に重要です。

短期で考えて正しいことでも、長期では無意味、むしろ有害ということがあるからです。ただ、逆に長期では無意味だとしても、目の前で起こっている「トラブル」に対策を取りたくなるのも、また事実です。

そして、この経済学理論の違いが、古典派とケインズ派の政策論の違いに如実に現れることになります。

「古典派経済学」では、「経済は、多少不景気やバブルがあっても、長い目で見れば、やがてバランスがとれた状態になる」と考えます。

みんなが自由に経済活動をしていれば、「神の見えざる手」が働いて、いずれ「ちょうどいい状態」になる。だから「短期」を考慮して、ごちゃごちゃやる必要はないし、むしろそれが逆に悪影響を引き起こすこともある、というのが「古典派経済学」のスタンスです。

そのため、「需要と供給のバランスが崩れても、（長期で考えると）自然に解消する」「失業が発生しても、放っておけばやがて解消する」という考え方で経済分析をしていました。

「『やがて問題はなくなる』ってことだね」

これに対して、ケインズは「それでは意味がない！」と考えました。ケインズは自著『貨幣論』の中で、
「長期的に見れば、我々は皆、死ぬのである。嵐の中にあって、経済学者が『嵐が過ぎ去れば、また波が収まるだろう』、としか言えないとしたら、経済学者はあまりに安易で無意味な仕事しかしていない」と言っています。

つまり「長い目で見れば、『神の見えざる手』が働いて、万事うまくいく。だから何も問題ない」というアドバイスは、あまりにも楽観的で無意味だ、ということです。仮に本当に「長期では何も問題がない」としても、価格が調整されるまでの「短期」で発生している需要と供給のギャップや失業をなくすために、どうすればいいかを考えなければいけない、経済学はそのためにあるんじゃないの？と主張したのでした。

「結局、どっちが正しいの？」

それに答えるためには、実際の経済を観察する必要があります。つまり、商品の価格や労働者の人件費がどのくらいのスピードで「調整」されるかを検証してみなければ答えは出せません。

現実の経済を見ると、「古典派経済学」が想定しているような「すぐに値段が変わる」という状況にはなっていません。また一方で、ケインズの「価格は変わらず、数量で対応！」という状況がずっと続くと考えるのも無理があります。現実的には、徐々に価格が調整されて、徐々に需給のアンバランスが解消されていく、と考えるべきです。

とすると、「どちらが正しいか」という質問の答えは、「価格が調整されるスピードがどれくらいかによる」という表現になります。

ケインズが主張した経済学理論と経済政策は、「経済は長期だけでは考えられない」ということが基本になっています。そのため、もし株価や為替のように数分、数時間で値段が変わり、国民が問題を気にせずにいられるのであれば、「『短期』はほとんど無視できる」「ケインズが主張した政策はやらなくてもいいな」となります。

逆に、現実の世の中を見渡したら「みんな『短期』のアンバランスに苦しんでいる！」ということが分かったとします。その場合は、古典派の理論は楽観的過ぎると言わざるを得ません。

**「そっか……じゃあ、どっちが正しいかは
すぐには分からないんだね」**

結論を言うと、国の経済を運営していく上では、「長期」も「短期」も両方必要です。繰り返しになりますが、ビジネス現場を想定しても、全ての商品の価格が一瞬で調整されるということはあり得ません。つまり「短期」というものが存在するのです。でも一方で、長い目で見れば、足りないものは値段が高く、たくさんあるものは値段が安くなっていくのも納得できます。「長期」の状態もあるんです。だから、マクロ経済学では、両方を視野に入れる必要があるわけです。

ただし、重要なのはこの「短期」と「長期」を、それぞれ分けて考えるということです。お互い前提としている状況が違うので、短期的な視点に立って「長期的な政策」を判断することはできません。逆も同じです。なので、ここからはふたつを分けて考えていきます。

まとめ

「古典派経済学」は「長期」、ケインズは「短期」を考慮した経済学。どちらも必要な見方だが、「短期」と「長期」は分けて考えなければいけない。

経済の規模を決めるのは需要か？ 供給か？

まず、最初に知っていただきたいのは、「経済の規模を決める要因」が「短期」と「長期」で違うということです。経済の規模とは、「どれくらい商品が取引されるか」ということですが、それが何によって決まるかは、短期と長期で違うということです。

「え？ そうなの？？」

経済を「(価格が調整される前の) 短期」で考えると、商品の取引量を決めるのは「需要」になります。正確に言うと、「有効需要」。有効需要とは、自分のお財布と相談して決まる現実的な需要のことで、「1億円のダイヤの指輪をしてみたい」「いつか大きな家に住んでみたいなぁ」など、願望に近い需要ではなく、「実際に商品を買うつもりがあり、お財布とも相談済み」という意味です。ちなみに、経済学では「購買力に裏付けられた需要」とも表現されます。

つまり、「短期の経済」では「『需要』があれば取引が行われる、『取引量の大きさを決めるのは需要量の大きさ』」ということなんです。これはケインズが提唱した有名な「有効需要の原理」です。

「需要があれば取引が行われるって、
仰々しく言うけど、当然じゃない？」

そう思いますよね。でも、「(価格が調整された後の) 長期」で考えると、違う結論になるんです。長期では「取引量を決めるのは、供給量」と考えています。つまり、「商品がどれだけ取引されるかは、どれだけ生産されるかによる」、ということなんです。これは「古典派経済学」

の有名な「セイの法則」という考え方です。短期の経済とは大きな違いです。

これは言い方を換えると、「生産した分が全部売れる」ということになります。しかも特定の商品だけじゃなくて、世の中の商品全てについて、です。

「おいおい、そんなふうに考えるのは強引すぎるでしょ？」

そう感じても無理はありません。だって、現実の世界では、誰もが「がんばってるのに売れない」という経験をしているからです。

一生懸命企画した商品を、がんばって営業しても、想定通り完売するわけではありません。むしろ、売れ残りが大量に出てしまうケースの方も多いと思います。それなのに「生産した分が全部売れる」と想定しますと言われても、なかなか納得できません。

でも、「長期」で考えると、そう想定できるんです。なぜかというと、先ほど説明したように、長期では、商品の価格が上下して、品切れ／売れ残りが出ないように調節されているということを前提にしているからです。

もし生産量が多すぎたとしても、価格が調整されて「全部売れる」、反対に少ししか生産できず、品薄状態が続く商品は、どんどん値段が上がっていきます。そうすると需要が減ってきて、やがて「需要量＝生産量」になります。

ここで注目すべきなのは、供給量が需要量と等しくなるように変化するのではなく、「需要量が供給量に近づいてくる」ということです。そう考えると、「生産したものが全部売れる」「商品がどれだけ取引されるかは、どれだけ生産されるかによる」と言えるわけです。だから、長期においては「取引量を決めるのは供給量」と言えるのです。

供給が変化して
「需要=供給」になる

需要が変化して
「需要=供給」になる

まとめ
「短期」では、需要量が取引量（経済の規模）になり、「長期」では、供給量が取引量になる

第２節　短期の経済～価格が調整される前の経済

では、まず「まだ価格が調整されていない『短期』」の経済から見ていきます。

「どうして短期からなの？」

「短期の経済」を理解すると、経済の調子が悪い時に、政府が「今日」何をすればいいかが分かるからです。「価格が調整されれば、やがてこうなるでしょう」という長期の視野を持つのも大切ですが、「それまでの間はこういうことをすればいい！」ということが分かった方が、具体的ですし、すっきりすると思います。だからまず「短期の経済」から説明していきます。

ケインズが登場した背景

「短期の経済」は、要するに「ケインズ経済学」の世界です。さっきの説明にも出てきたように、「古典派経済学」が「放っておけばそのうち嵐が過ぎ去るから」という考えだったのに対し、「『短期の経済』を考慮すべき」と主張したのでした。

でも、なぜケインズはそう考えたのでしょうか？ それは当時の時代を知るとよく理解できます。

ケインズが出てきたのは、1929年の世界恐慌後、失業率が25％にも上っていた時期です。つまり４人に１人が失業してしまったのです。ところが、当時全盛期を誇っていた「古典派経済学」は「今は市場が一時的に混乱しているだけ。放っておけば鎮静化する」と考え、それに基づいて各国の政府も市場の自然回復をじっと待つだけでした。

また、「古典派経済学」の理論では商品の需給だけでなく、労働力の需給も調整され、失業が出ないとされていました。でも現実には未曾有の大失業が起こっているわけです。これは理論そのものが間違っているとしか思えません。そこでケインズが「価格が調整されないこともある。需要と供給のギャップが解消されないこともある」と主張したのでした。

これがケインズ経済学の始まりです。

「経済を発展させる」とは、どういうことか？

では、マクロ経済学の主目的「経済を発展させること」について説明していきます。経済を発展させるということは、日常の経済用語で考えると「GDPを増やす」ということです。でも、経済学では「GDP」ではなく、違うキーワードで経済の規模を表すことが多いです。

それは「国民所得」という言葉です。マクロ経済学では、常にこの「国民所得」が中心となって話が展開されていきます。馴染みがない言葉ですが、慣れてくださいね。

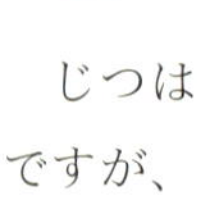

「でも、GDPと国民所得って同じものなの？」

じつはそうなんです。GDPは「国内総生産（GNPは「国民総生産」）」ですが、これが「国民所得」と同じ意味になるんです。一方は「生産」、もう一方は「所得」で表しているものが違うように思いますよね。でも同じ意味になるんです。

なぜ同じ意味になるかを理解するためには、マクロ経済学で前提となっている「三面等価の原則」を理解しなければいけません。

まとめ
経済学では、経済を発展させることを、「国民所得を増やす」と表現する

三面等価の原則とは？

マクロ経済学で前提となっている「三面等価の原則」とは、「ひとが生産した商品の量（生産額）」「ひとが買った商品の量（消費額）」「ひとが受け取った給料の額（所得額）」の３つが等価になる、つまりこれら３つを金額で表すと全て同額になる、という原則です。

「全然意味分かんないんですけど」

どうういうことか説明しますね。
まず、誰かが作った商品は、別の誰かが買っています。１万円分の商品が生産されたら、誰かがその１万円分の商品を買うので、つまり「生産額＝１万円＝消費額」になるわけです。

そして、商品を買った時に支払った１万円は、また別の誰かが受け取っているはずで、その人の所得になっています。つまり「消費額＝１万円＝所得額」とも言えるわけです。

だから結局、生産額＝消費額＝所得額となるんです。

考えてみれば自然なことですね。それを仰々しく言っているのが「三面等価の原則」で、ということはGDPやGNPの代わりに「国民所得」が使えるということなのです。

「あれ、ちょっと待って。この理屈だと、生産した商品は必ず誰かが買うってことになるよね。売れ残りは考えないってこと？」

鋭いですね。ご指摘の通り、生産額＝消費額になるということは、生産した商品が必ず誰かに買われるということです。

確かに「長期の経済」では、商品の価格が調整されるので、売れ残りは出ないと考えています。でも今は「短期の経済」を考えていますから、「価格が調整されて……」ということではありません。どういうことでしょうか？

作った商品が必ず売れるということは、現実社会を考えるとあまりにも強引な想定で、それは明らかに「変」ですね。ところが、ある考え方のルールを導入することでこれが、「変」ではなくなるんです。

それは、「売れ残った分は企業が自分で買い取ったことにする」というルールです。売れ残りを自分で買うんだったら、「必ず誰かに買われる」ことになりますよね。だから「生産額＝消費額」になるんです。

そして、この企業が自分で買った分は、企業が将来のビジネスのために「在庫」を増やす目的で買ったと考え、「在庫投資」という分類にします。だから「売れ残り」は出ないと考えられるんです。

話を元に戻しますと、

- 企業が生産した商品は必ず誰かが買っていて（生産＝消費）
- その時に誰かが支払ったお金は、また別の誰かの所得になっているので（消費＝所得）
- 結果的に、日本全体で生産された商品の金額と日本全体の所得金額は等しくなる（生産＝消費＝所得）

三面等価の原則は「前提」
マクロ経済学では、いろんな場面で、この「三面等価の原則」を前提として話が展開されます。「需要が増えると、（それに伴って生産量が増えて、「生産＝所得」なので）国民所得が増える」「利子率が上がると、（企業の自己投資が減り、生産が減るので）国民所得が小さくなる」など。多くの教科書では、その都度「『生産＝所得』だから」とは説明してくれませんのでご注意ください。

ということが言えます。これが「三面等価の原則」です。

「……で、これが何なんだっけ？」

経済学では、GDPやGNPの代わりに「国民所得」という言葉で経済の規模を表現していくという話です。

つまり、国全体で見たときの「生産額」と「所得額」は同じとして考えられる、ということです。そして、この「国民所得」はどうすれば増やすことができるのか、を考えることがマクロ経済学の主要な目的なんです。

まとめ
誰かが生産したものは、必ず誰かが買い、その支払ったお金が誰かの所得になっている。「生産＝消費＝所得」となるということを「三面等価の原則」という。

国民所得は、どうやって決まるのか？

では、その国民所得は、どういう理屈で、どのように決まっているのでしょうか？ 今は「短期の経済」ですので、短期的にはどんな要素が国民所得を決めているのか、考えていきます。

さっきの「三面等価の原則」で説明したように、「所得」は、「生産」と同じ額になります。とすると、「生産量がどうやって決まるか」が分かれば、「国民所得がどうやって決まるか」も分かりそうです。

「なるほど！」

ところで、生産量を決めているのは、もちろん企業です。企業がどのくらい商品を生産するか、自分で考えて決めるわけですね。

では、企業がどのくらい生産するのでしょう？ その答えは、「お客さんが買ってくれるくらい」です。単純に考えて、企業は、お客さんが買ってくれる分だけ商品を生産しようとします。需要がある分だけ作るってことですね。

さっき「三面等価の原則」では、売れ残りは「在庫投資」として、企業が自分で買うと説明しました。だから、理論上では「余り」はないわけです。とはいえ、企業は自社倉庫の在庫を増やすために生産しているわけではないですよね。お客さんに売るために生産活動しているのです。だから、どれだけ生産しても最終的には、「余り」が出ないよう、お客さんが買う量だけ生産するはずです。

「需要と供給が一致するように、ってことだね。ミクロ経済学と同じだ」

原則としては、ミクロ経済学と同じように考えていただいてOKです。

でも、今度はマクロ経済学なので、特定の商品の需要・供給ではなく、国全体・商品全体の需要と供給を考えます。「国全体の需要」につり合うように「国全体の供給」、つまり国民所得（＝経済の規模）が決まるんです。

「？？」

つまり、「国全体で需要がどれくらいあるかによって、国全体の供給量が決まる」「国民所得（国全体の供給）は『国全体の需要』につり合うように決まる」ということです。需要に応じて供給が決まる、ってことですね。

最初に説明したように、短期の経済では、「需要」が経済の規模を決めるんです。需要の大きさがポイントなんです。

では、その「国全体の需要」って、どうやって決まるんでしょうか？それを考えます。と、その前に、その「国全体の需要」とは何か？ を明確にしておきますね。

「国全体の需要」、これを「総需要」と呼びましょう。
マクロ経済学で考える「需要」には、大きく分けて4種類あります。

家計（個人）が買う商品	：	消費と呼ばれ、 「C」で表されます
企業がビジネス目的（自己投資）で買う「機材や建物」	：	投資と呼ばれ、 「I」で表されます
政府が国民のために買う「商品」	：	政府支出と呼ばれ、 「G」で表されます
外国のお客さんが買う商品	：	要するに輸出のことで、 「EX」と表されます

この4つの合計が「総需要」になります。

総需要＝ 消費 ＋ 投資 ＋ 政府支出 ＋ 輸出

個人が買う　企業が買う　政府がお金を出す　外国のお客さんが買う

ということですね。

そして、企業が生産する商品の量が、この「総需要」よりも多く、「作り過ぎ」ていたら、企業各社は生産を減らします。その結果「企業の生産量（国民所得）」は減っていきます。反対に現在の生産量より「総需要」が多ければ、各社はもっと生産を増やします。その結果国民所得は増えていくということです。

繰り返しになりますが、短期的に考えると、国民所得の大きさを決めるのは「総需要」なのです。総需要に合致するように、総供給（＝国民所得）が変化していくわけです。

ここは「短期の経済」を考える上でのベースになりますので、しっかり理解してください。

まとめ

総需要の規模は、「消費」「投資」「政府支出」「輸出」の４つの大きさで決まっている。この総需要が大きくなれば、総供給（＝国民所得）も大きくなる。

短期の経済で、国民所得が変わる理由

今説明したように、短期で考えると、国民所得は総需要に等しくなるように決まります。要するに「総需要量」の大きさに等しくなるように「総供給量」が決まる、ということです。需要がある分だけ企業は生産をする。そう考えると、いたって自然なことですね。

ということは、総需要の大きさが変われば、総供給、つまり国民所得(＝経済の規模) が変わるということになります。お客さんが「もっとほしい！」と言えば、企業は生産を増やして、景気が良くなるわけです。

「商品の人気が高まれば、生産量を増やすってことだね」

考え方としては似ていますが、今は「マクロ経済学」なので、ある特定の商品の人気具合ではなく、経済全体を考えます。

先ほど説明したように、「マクロ経済学」の「需要」は「消費」「投資」「政府支出」「輸出」の４つに大分類されますので、この４つが変われば、「総需要」が変わるわけです。

ただし、この中で「輸出」の量は、外国のお客さんがどれだけ商品を買ってくれるかによりますね。つまり、国内ではコントロールができない「外部要素」なんです。多少は政治的な調整で輸出を増やしたり減らしたりする動きはありますが、ここではひとまず「別」として考えましょう。

とすると、総需要を変化させる要因は、次の3つになります。国民の買い物の量（消費）が変わるか、企業活動（投資）が変わるか、政府支

出が変わるか、です。この3つが変わると、総需要が変わり、それにつられて国民所得が変わるわけです。

「この３つは何があると変化するの？？」

では次にそれを見ていきましょう。この3つがどんな理由で変化するかを知れば、どんな政策をすれば、短期において、需要を増やすことができるか、景気を回復させられるかが分かります。重要なポイントですね。

●消費が変わる理由

まず「消費」です。消費はどういうきっかけで変化するのでしょう？

「消費」は、基本的にその人の所得に応じて量が変わります。貧しい人よりも、裕福な人の方が買い物の額が多いというのは、直観的にご理解いただけると思います。

同じように、国全体で景気がいい時は、消費は多くなり、景気が悪いと消費が落ち込みます。つまり、消費は、国民所得が増えると増える、国民所得が減ると減る、ということが言えます。

さらに、ここで面白いことに気が付きます。仮に国全体で消費が増えるとします。消費が増えるということは、需要が増えるということなので、それにつられて総供給（＝国民所得）が増

「消費」の性質

「消費」を細かく分析すると、2種類に分けられることに気がつきます。まず、所得額に左右される部分があります。所得の一部（ある割合）を消費に向けるわけです。この消費に向ける割合を「消費性向」と呼び、通常「c」で表します。そしてもうひとつ、所得額に関わらず生きていくための最低限の消費があります。これを「基礎消費」と言います。なので、消費の大きさを数式で表すと、「消費額＝基礎消費C_0＋cY」となります。

えます。となると、みなさんの所得が増えるわけです。

そして、所得が増えれば、みなさんはもっと消費を増やしますね。でもそうなると、需要が増えるので、国民所得がもっと増えることになります。このように、需要が増えると、所得が増えるから、ますます需要が増えて、それにつられてますます所得が増える、という循環が起こるわけです。

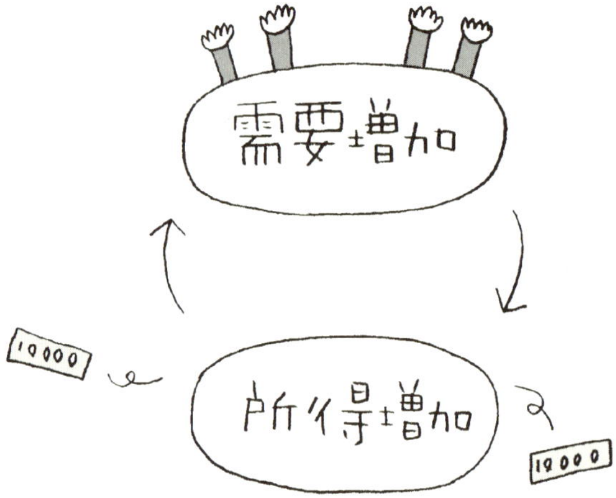

消費の乗数効果

消費の乗数効果、つまり消費が増えたときに、国民所得がどれくらい増えるかは、
国民所得が増える額

$$= \frac{1}{1-c} \times （消費の増加額）$$

で計算できます。

このような「循環」が起こると、雪だるまを作る時と同じで、最初は小さい力でも、めぐりめぐって大きな影響力になります。これを「乗数効果」といいます。

また、最初は特定の分野、特定の人たちの需要が増えただけだったとしても、その影響がめぐりめぐって多くの人の所得を増やします。ということは、政策を実施して、一度誰かの所得が増えると、やがてみんなの所得が増えていくのです。

まとめ　消費は、国民所得の大きさによって変化する

投資が変わる理由

では次に「投資」が変わる理由を見てみましょう。

「投資」は、企業が将来のビジネスを有利に進めるために買うものです。「投資」と聞くと、一般的には「株式投資」や土地の売買をイメージしますが、経済学でいう投資は全く別物です。

経済学でいう「投資」とは、企業が行う自己投資のことで、「資本設備」や「建造物（建物）」などを買うことです。つまり「資金の運用」ではなく「自社の生産性を上げるための買い物」なんですね。これらに使ったお金が、この投資に分類されています。

「資本設備」というのは、企業が製品を生産するのに必要な機材や技術のことです。建物（工場や本社ビル）も、機材・技術も、将来商品を生産したり、商売をしていくために必要なものです。そして、これらの「資本設備」が多ければ多いほど、質が高ければ高いほど、将来のビジネスが効率よくできるのです。

「これだけ？ 企業が売るために
仕入れる商品は投資に入らないの？」

商品を仕入れたり、オフィスで必要な事務用品を買ったりするのは

「投資」ではありません。それらは結局、商品を作るための費用で、最終的には企業はそれらの費用を商品価格に上乗せして販売します。つまり、その分は消費者がお金を支払っているので、分類としては「消費」に組み込まれているわけです。また、事務用品を買うのも投資ではありません。いくら事務用品を買っても、将来のビジネスが効率よくできるようになるわけではありませんよね。

「でも、投資が需要に含まれるっていうのがよく分からない」

「投資する」ということは、「企業が将来のビジネス効率を高めるために、機材・設備や建物を買う」ということです。つまり、これは企業の「買い物」なんです。わたしたちが食べ物や洋服を買うのとは理由が全然違いますが、企業もお金を出して機材や建物を「買います」。だからこれも「需要」なんです。

そして、この「投資」が増えれば、「総需要」が増えて、それにつられて総供給、つまり国民所得が増えます。逆に投資が減れば、国民所得が減ることになります。まずはここを押さえてください。

「んで、投資が増えたり減ったりする理由は何？」

投資は企業が「将来のビジネスのため」にする買い物です。これを買うと将来もっと儲かる！　と思ったら買うわけです。でも一方で、機材や建物は「高額商品」です。わたしたちが何気なくジュースやパンを買うのと訳が違います。大きな買い物なんですね。

なので、企業はその「資本設備」を買うと得をするかどうか、を慎重に考えます。そして、その時に重要になるのが「利子率」です。

「なんで利子率が重要なの？？」

投資は大きな買い物ですから、投資をする時は、銀行などから資金を借りて行います。でも、お金を借りたら、当然利子をつけて返済しなければいけませんね。投資をすることで収益は上がりますが、その一方で「利子率」というコストを払わなければいけないんです。

つまり、利子率は、投資をするためのコストになるわけです。だから重要なんです。

支払う利子（投資のコスト）よりも、その「投資」によって得られる利益の方が多ければ、企業は「資本設備」を買います。でも逆に「この投資にはそれほど利益がない」「利子率の方が高くついてしまう」と思えば投資をしないという判断をします。利子率が高いと投資をしなくなるわけです。

こう考えると、「世の中でどのくらい『投資』が行われるか」は利子率が高いか低いかによる、と考えられますね。投資の量は利子率次第で変わるわけです。

「じゃあ、利子率を変えれば、投資の量が変わって結果的に国民所得も変わるってことだね」

その通りです。

「じゃあ、利子率はどうやって変えるの？」

利子率を変化させる政策は、マクロ経済学でもかなり重要な論点です。ですが、利子率の分析は少し複雑になってしまうので、「IS-LM分析」(P.195) で詳しく説明します。

この段階では、国民所得がどうやって決まるかの大まかな流れと仕組みを理解していただきたいので、単純に「利子率によって投資の大きさが変わる」「投資が増えたら総需要が増えるから、国民所得が増える」「投資が減ったら、国民所得が減る」ということだけ押さえてください。

まとめ
投資の大きさは、利子率によって変化する

政府支出が変わる理由

次は「政府支出」です。「政府支出」は、政府がする「買い物」のことです。といっても、政府が「ジュースほしい」「新しいiPhoneを買おう」と考えるわけではありません。総理大臣や政治家のみなさんがジュースやiPhoneを買うことはあります。でも、それはあくまで「個人」として買っているだけで、政府が買っているわけではありません。

「じゃあ、政府支出って何？？」

政府支出というのは、国が国民のために、公共的な「もの」を買うことです。ただし、政府が買うものは、道路や橋やダムなど規模が大きいので、「買う」というより「民間企業に仕事を発注して、造ってもらう」と言う方がイメージに合います。また福祉や子育て環境改善のために、政府が人を雇って国民の生活を改善させるプロジェクトも「政府支出」にあたります。

そして、この政府支出が増えると、総需要が増えるので、国民所得が増えます。政府支出が減れば、国民所得も減っていきます。

「政府支出も『需要』なのか……」

これもイメージが難しいところですね。でも、政府が道路を造る仕事を民間工事会社に発注するのは、みなさんがスーパーでパンを買うのと本質的には同じことです。だから「政府支出」が増える、つまり政府がお金を使うと、その分需要が増えるんです。

ただ違う点もあります。それは、政府がお金を使うか使わないか、いくら使うかは、完全に政府の「さじ加減」ということです。みなさんは、給料が上がれば「消費」を増やし、下がれば減らします。いくら消費するかは所得に左右されるわけです。企業の「投資」も、利子率によって額が変わります。利子率によって投資額が変わるわけですね。

でも「政府支出」は、国民所得や利子率とは無関係に、政府が「勝手に」決めることができます。

だから、「政府支出が増えれば、国民所得が増える」というより「政府が政府支出を増やせば、国民所得が増える」という方が適切です。

話が少し横にズレますが、政府支出は政府のさじ加減で増やすことができ、そして政府支出を増やせば、理論上は国民所得を増やすことができます。だから、景気が悪い時に世論が「政府が（政府支出を増やして）景気対策をやれ！」という声が出てくるんです。

以上、総需要を構成する「消費」「投資」「政府支出」が、どういう理由で変化するかを説明してきました。これらが大きくなれば、総需要が増えます。短期の経済では、国民所得を決めるのは、「総需要」なので、これらが国民所得を左右することになります。

まとめ
政府支出の大きさは、政府の「さじ加減」で変わる。

第3節　貨幣の影響

ここまでの説明では「需要」「供給」などの話をメインにしてきました。需要・供給というのは、ざっくり考えると「その商品ほしい！」「その商品売りたい！」という「商品の売買」のことです。でも、といいつつ、今まで「お金」についての話は出てきませんでしたね。

「お金は経済に関係ないの？？」

もちろん、そんなことありません。「お金」は現代の生活に欠かせないものですし、国の経済全体で見ても、非常に重要な役割を果たしています。ちなみに、経済学では「お金」ではなく「貨幣」という言葉を使いますので、これからは「貨幣」と呼んでいきますね。

「そんな堅苦しく言わなくても『お金』でいいじゃん」

じつは「貨幣」と「お金」は意味が違うんです。「お金」というと、紙幣や硬貨など、目に見える通貨をイメージします。でも経済学で考える「貨幣」は、現金だけじゃなく、たとえば、銀行預金なども含めて考えています。だから区別したいんです。

では、貨幣が一体どんな役割を果たしているのか、詳しく見ていきましょう。

貨幣とは何か？

「現金だけじゃなくて、銀行預金も貨幣って…。意味が分からないんですけど」

経済学で考える「貨幣」は、「それで商品を買えるもの」です。現金を持っていれば商品を買えますよね。だから現金は「貨幣」です。でも、現金がなくても、現代ではクレジットカードや電子マネーでも買い物ができます。そして、後日銀行口座から引き落とされますね。ということは、みなさんは銀行預金で買い物をしていることになります。だから、銀行預金も「貨幣」と考えられるんです。

そして「貨幣」には、「交換手段」「価値尺度」「価値貯蔵手段」の3つの機能があります。

まず、「交換手段としての機能」について。要するに、「モノ（商品）と交換できる」、という意味です。貨幣がなければ、物々交換しなければいけませんが、いつもモノを持ち歩くわけにはいきません。重いし、面倒だし、さらに相手がほしいものを持っていないと交換できません。これでは経済は発展しません。

また、貨幣には「価値尺度としての機能」があります。「値段」という形で、商品を数字で表すことで、商品の価値を共通の尺度で表現することができるんです。物々交換だったら、仮に「りんご1個＝魚2匹」「みかん3個＝キャベツ1個」で取引が成立していたとしても、りんご1個とみかん1個でどっちが価値があるか全く分かりませんね。貨幣があることでそれが分かるんです。

最後に、貨幣には「価値貯蔵手段としての機能」があります。モノ（商品）を手に入れても、消費期限があるものだったら、いつまでも持っていられません。せっかくの価値を維持できないわけです。でも商品を売って貨幣に換えておけば、ずっと価値を残せて、「蓄え」を作ることもできるわけです。地味ですが、これは重要な役割です。

貨幣需要とは何か？ ～人はなぜ貨幣をほしがるか

ここでまたみなさんに考えていただきたいことがあります。それは「みなさんが貨幣をほしがる理由」についてです。なんで貨幣を持ちたいと思うのか、です。

「なぜって言われても。誰でもお金はほしいでしょ？」

ここは、少し誤解しやすいポイントですね。

「貨幣をほしがる」というのは、「お金をほしがる」「お金持ちになりたい！」ということではありません。そうではなく、イメージとしては、「自分の財産を土地や株・債券や宝石ではなくて、現金で持ちたい」ということです。これが「貨幣をほしがる」ということです。そして、これを「貨幣に対する需要」ということで「貨幣需要」といいます。

自分の財産を株や債券で運用すれば、儲かります（損をすることもありますが）。特に利子が付く債券で持っていれば、利子の分だけ儲かります。一方で、現金で持っていても、絶対に増えません。だったら、運用した方が得です。それなのにみんな少なくとも一部は「現金」で持っておこうとするわけです。なぜでしょうか？

「なんで？？」

これを理解する上でのポイントは、大きく分けてふたつあります。

ひとつは、「何かを買うためには現金が必要」ということです。株や債券、ましてや土地を持っていても、スーパーで買い物はできません。スーパーのレジで株券を出しても受け取ってもらえませんよね。日常的に何かを買う（取引をする）ためには、現金が必要です。だから現金を持とうとするんです。

取引をするために現金を持つわけですから、取引量（日々の買い物の量）が増えれば、より多くの現金を持ちたいと感じるようになりますね。そして「取引量が増える」ということは、経済が大きくなるということですから、要するに「国民所得が増える」ということです。

ここでひとつの関係が分かりました。「国民所得が増えると、貨幣需要が増える」ということです。経済が発展して、みんなが裕福になると、その分みんなが手元に置いておきたい現金量も増えるということです。

「なるほど、そういうことね。で、ふたつ目のポイントは？」

ふたつ目のポイントは、「運用損を出さないようにするため」です。債権は、値上がり・値下がりをします。これから値が下がる！という時に債権を持っていると、損をしてしまいますね。本当なら、利子がつく債権を持っていたいところですが、元本割れのリスクを考慮して、危ない時には現金に換えておこうとするのです。これが貨幣需要のふたつ目のポイントです。

こう書くと、気になるのは、「どういう時に株や債権が値下がりするのか」です。少し話がずれますが、ここで債権価格の決まり方について説明しておきます。

債権価格の決まり方

株について考慮するとかなり話が複雑になるので、マクロ経済学の初期段階では一般的に「資産は現金か債権で持つしかない」と仮定しています。

まず、債権が取り引きされる値段について考えます。この値段はどうやって決まるか、ということです。債権は、「期日にお金を受け取れる権利書」です。具体的にいくら受け取れるかは、その債権に記載されています。債権を持っている人は、その期日に銀行に持っていくと、そこに書かれた金額を受け取れます。要するに、その期日にもらえる金額はすでに決まっているわけです。

「じゃあ債権を買った時の儲けは決まっているんだね」

いえ、そうではありません。「儲け」は

「最終的に受け取る金額 − 債権を買った金額」

になりますので、その債権をいくらで買ったかによって、変わります。

そして、その債権の価格を決めるのが、「利子率」なんです。

みなさんが持っているお金を、銀行に預けるか、債権を買うか考えるとします。この時、どっちを選ぶかは「どっちが儲かるか」で決まりますね。儲けが大きい方を選ぶわけです。

銀行預金の儲けは「利子」です。これは分かりやすいですね。一方、債権の儲けは、先ほど説明した「最終的に受け取る金額–債権を買った金額」です。でも債権を買った時に最終的に受け取れる金額は既に決まっています。だとすると、債権を買った時の儲けは、「今日債権をいくらで買うか」次第でが変わります。これと銀行預金の利子を比較するんです。

そして結論からいうと、利子率が変化すると、その「今日の債権価格」が変わるんです。

たとえば、利子率が上がると、銀行預金の金利が増えますね。とすると、債権を買うより銀行に預金した方が「得」になります。このままだと誰も債権を買わなくなるので、債権を売りたい人たちは債権を値下げしなければいけません。

「いくらまで下げるの？」

銀行預金と債権の「儲け」が等しくなるところまでです。銀行預金の金利が1%だとしましょう。そうすると、来年期日を迎える債権の運用利回りも1%になるように、債権価格が下がれば、条件が一緒になり、また債権を買ってくれる人が出てきます。

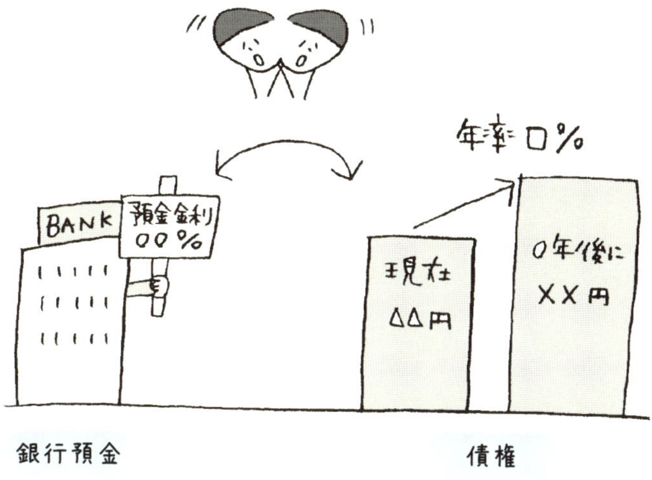

まとめ

利子率が上がると債権価格は下がる、利子率が下がると債権価格は上がる。利子率と債権価格は逆の動きをする。

資産を減らさないために貨幣を持つ

これは、利子率が高いと債権価格が下がるということを意味しています。ということは、利子率が低くて、これから高くなると予想されると（やがて利子率は高くなると予想されると）、「やがて債権価格が下がる！」と予想されますね。そんな時は、値下がりする資産を持っていたら損をしますので、債権ではなくて、貨幣を持っておくべきです。これが「貨幣需要」になるんです。

ここまで、人がなぜ貨幣を持とうとするのか（貨幣需要の動機）をふたつのポイントで説明しました。

ひとつ目のポイントは、「買い物をしたいから貨幣を持つ」でしたね。そして、「買い物をしたいから持つ貨幣量（貨幣需要の量）」は「国民所得」によって変化します。

もうひとつのポイントは「資産を減らしたくない」でした。これは「利子率」から影響を受けています。

まとめると、貨幣需要に影響を与える要素は、「国民所得」と「利子率」ということです。これは重要なポイントです。これを理解していないと、後のIS-LM分析が分からなくなってしまうので、しっかり覚えておいてください。

まとめ

貨幣需要には、「買い物をするため」と「資産を減らさないようにするため」のふたつの理由がある。

貨幣が「短期の経済」に与える影響

もしこの世に貨幣がなかったら、わたしたちは毎日毎日物々交換で生活しなければならず、相当面倒なことになります。貨幣は重要なんです。

「貨幣がないと、スムーズに取引ができないからね」

そうです。でも、もっと大事なことがあります。それは「世の中にある貨幣量によって、経済の規模が変わる」ということです。

「貨幣がないと取引ができない」ということは、世の中全体で貨幣が足りなければ、その分、取引・商売が行われなくなる、ということです。反対に、世の中にある貨幣が増えれば、その分だけ多く取引がされるということにもなります。

「とすると、『世の中にどれだけ貨幣があるか』が国民所得に影響を与えるってこと？」

その通りです。さきほど、「国民所得は『総需要』が増えれば、それにつられて増える、「総需要」が減ると、国民所得も減ってくる」という話をしました。国民所得の額は「商品の総生産量（額）」と同じ意味なので、需要が減ると供給も減る、つまり総需要が減ると国民所得も減るという理屈でした。

このように、「総需要」が国民所得に影響を与えるのは、ご理解いただけたかと思います。そして、「世の中の貨幣量」は、この「総需要」に影響を与え、結果的に国民所得に影響を与えることになるんです。

「うーん、さっぱり分かんない……」

ヒントは、「利子率」と「投資」です。

貨幣量が国民所得に影響を与えると言っても、日本銀行（日銀）が大量に1万円札を刷れば、自動的に経済が発展するわけではありません。貨幣量が増えると、「総需要」が増えるから、国民所得が増えるんです。

こういうことです。

① まず、貨幣量が増えると、世の中の利子率が下がります
② そしてその結果、企業がする買い物（投資）が増えます
③「投資」は需要の一部なので、投資が増えると、総需要が増え
④ 結果的に国民所得が増えるということなんです

「順番に説明してくれない？」

ではひとつずつ。

まず「貨幣量が増えると世の中の利子率が下がる」ということから説明します。まず理解していただきたいのは「利子は、貨幣のレンタル料」ということです。お金を借りた時に、その「対価」として、利子を支払います。レンタカーやDVDを借りたら、レンタル料を払いますよね？それと同じで、お金を借りる時もレンタル料として「利子」を払います。

ただ、支払うレンタル料はいつも同額ではありません。借りたい人がたくさんいる時は、レンタル料が上がります。反対にお金を貸したい人がいっぱいいても、借りたい人が少なければ、利子率は下がります。【経済学の考え方 その13】にそれは「足りないものは値段が高くなり、余っ

ているものは安くなる」がありましたが、利子率に関しても当てはまります。

世の中の貨幣量が増えれば、お金を手にする人が増えるので、「お金を貸したい！」と思う人が増えます。とすると、利子率が下がりますね。だから、「貨幣量が増えると世の中の利子率が下がる」と言えるんです。

「そうか。そして利子率が下がると、投資が増える」

その通り。先ほど説明した内容の繰り返しですが、企業は生産性を上げるために「資本設備」を銀行からお金を借りて買います。でも、お金を借りると利子を払わなければいけませんので、「それ以上にメリットがある投資」しかしません。

すると当然、利子率が高くなれば、それだけ「コスト」が高くなるので、「それ以上にメリットがある投資」は減っていきます。そして結果的に、投資の金額自体も減っていきます。逆に、利子率が下がれば、それだけ投資できる案件も増え、国全体で見て投資が増えるのです。

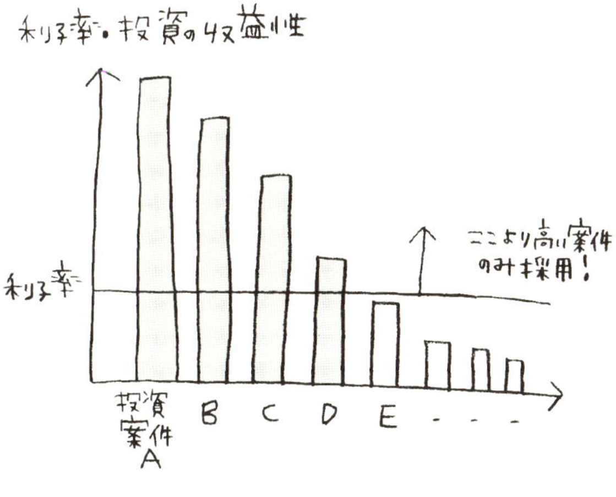

そして、またまた繰り返しになりますが、「投資」は、「需要」の一部なので、投資が増えるということは、需要が増えるということです。で、需要が増えれば、それに見合うだけの供給（生産）がされるので、国民所得が増えるということです。

お分かりいただけましたでしょうか？ こういう理屈で、貨幣量が増えると、国民所得が増えるのです。

「じゃあ、貨幣量が減ると、逆に国民所得が減るっていうことだよね」

そうです。貨幣量が減ると、今説明した流れと反対のことが起こります。利子率が高くなるので、企業が投資を減らします。そうすると、総需要が減るので、国民所得が減っちゃうんです。これは後で説明するIS-LM分析を理解する上で、かなり大事な流れです。

まとめ

世の中の貨幣量は、利子率を通じて国民所得の大きさに影響を与える

第４項　なぜ国民所得をコントロールするのか？

総需要管理政策の必要性

今説明したように、世の中の貨幣量を変化させることで、国民所得を変化させられます。ちなみにこれを「金融政策」といって、日銀が実施しています。

そしてさきほど、政府支出を増減させれば、国民所得の大きさを変えることができるということも説明しました。これは「財政政策」と呼ばれます。こっちは政府の管轄です。

つまり、政府や日銀が行う政策によって、国民所得をある程度操作できるわけです。

「なるほど！　……あれ、でも操作するのっていいことなんだっけ？　ミクロ経済学では市場に任せるのが一番って」

もともと国民所得は、「総需要」に等しくなるように決まります。放っておくと、「国民所得＝総需要」になるわけですね。生産した商品が余りもせず、足りなくもない「ちょうどいい場所」で、そこは経済学でいう「均衡点」になるんです。

でも、その「ちょうどいい場所」が、「好ましい場所」とは限りません。不景気で、総需要が少なくなってしまった場合、仮に売れ残りは出なかったとしても、景気が悪い状態で落ち着いてしまいます。「商品の需要・供給のバランス」は取れているんですが、不景気になってしまう。

そうすると、みなさんは今までよりも生活水準を下げなければならず、失業も増えるでしょう。経済発展という意味では、全然いい状態ではないんです。でも、何もしなければ、「均衡点」に落ち着いてしまうので、この状態は変わりません。いずれは消費者が徐々に消費を増やして、国民所得が増えていくかもしれませんが、いつ経済が回復するか、本当に回復するかも分からないのです。なので、そのような時には「操作」が必要になるわけです。

このように、不況や恐慌で世の中の需要が減った時に、総需要を増やそうとする政策を「総需要管理政策」といいます。

「短期の経済」では、需給のアンバランスは価格ではなく、「数量」で調整されてしまいます。簡単に言うと、需要が減ったら、そのまま供給も減って、経済が小さくなってしまうんです。それは嫌ですよね。それを避けるためには「減った需要を増やす」しかないんです。だから「総需要管理政策」が必要なんです。

「なるほどね。ところで、その『総需要管理政策』って、具体的に誰が何をするの？」

簡単に言うと、政府が「財政政策」を、中央銀行（日本では「日銀」）が「金融政策」を実施して、総需要をコントロールします。政府は「政府支出」の量をコントロール、日銀は世の中の貨幣量をコントロールすることで、総需要を管理しようとしているのです。

そしてじつは、この「総需要管理政策」を理論・グラフ化したものが、マクロ経済学の大きな関門である「IS-LM分析」です。

「IS-LM分析」は言葉が一人歩きして、「難しそう」というイメージがあります。でも、要するにやりたいことは「総需要を管理する方法」なのです。それを理論やグラフを使って表現しているのです。これを押さえておくと、IS-LM分析がずっと理解しやすくなります。

まとめ

経済は放っておくと、均衡点に落ち着いてしまう。そこが好ましい点じゃない場合、総需要管理政策が必要になる。

総需要管理政策で失業率を低下させる！

「経済発展が一番の目標っていうけど、心の豊かさがあれば貧しくても生きていかれるよ！」

その意識も大事ですね。実際、経済発展を追い求める生活がベストかどうかは分かりません。でも、国の経済を全体として考える時には、やはり経済発展が必要です。

なぜかと言うと、経済の調子が悪いと失業が増えるからです。失業は、当事者にとっては、金銭的ダメージだけでなく精神的ダメージも受ける耐えがたいものです。だから、できるだけ失業は少なくしなければいけません。でも、そのためには経済が発展しなければいけないんです。

では、少し、「失業」について考えてみましょう。まず、「失業」とは何でしょうか？

「そんなの知ってるよ。『働いてないこと』でしょ？」

それだと少し違います。失業とは、「働いていないこと」ではなく、「現在の給料水準で働きたいと思ってるのに、働けない状態」を指します。だから、「給料相場が安すぎて働く気にならない」と思っている人は「失業者」じゃないんです。また、専業主婦／主夫や学生のように、そもそも職を探していない人も失業者とは考えません。

次に、失業が発生する理由について考えます。なぜ失業が発生するか？ です。簡単に言うと「総需要が少ないから」です。総需要が少ないので、企業がそれに合わせて生産を縮小します。そして、生産を縮小すると、必要な人員が減りますので、企業が社員数を減らします。だから失業が発生するんです。

「それだけ？？」

大きく考えると、それだけです。

そして、総需要が少ないから失業が発生してしまう、だったら失業を減らすためには総需要を増やして経済を発展させることが必要、だから総需要管理政策が必要、ということです。

需要を減らすことも「総需要管理政策」の役割

「なるほどね、政府や日銀は総需要を増やすって役割を持ってるんだね」

少しややこしいですが、総需要管理政策は、需要を増やすだけでなく、需要を減らすために行うこともあります。「管理」ですからね。

マクロ経済学の第一の目的は、「経済を成長させること」です。でも、成長が大事だからといって、景気が過熱しすぎることは避けなければいけません。要するに、なるべくアップダウンを少なくして経済を発展させることが大事なんです。

「経済成長が目的だったら『ダウン』はNGだけど、『アップ』はいいんじゃない？」

おっしゃる通り、「アップ」だけだったら問題ありません。ただ、需要が急激に増えると、その後に反動で急激に需要が減ることがあります。日本でもバブル経済で景気が過度に盛り上がった後、バブルがはじけ、ひどい不況に見舞われました。そうならないために、急激な「アップ」が起こりそうな時には、需要を減らして落ち着かせなければいけないんです。

まとめ

失業を減らすために、総需要管理政策が必要！
また景気が過熱しすぎるのを防ぐためにも「管理」が必要

政策の弊害

このように、政府や日銀は、政策を実施して、総需要を増やし、国民所得を増やすことができます。そしてその結果失業も減らすことができます。でも、だからといってむやみやたらに政策を実施すればいいってわけではないんです。

「経済は安定的に発展させなきゃいけないんだもんね」

そうですね。でもそれだけじゃありません。それに加えて、政策を行う弊害も考慮しなければいけないんです。じつは、財政政策や金融政策は、需要を増やすというプラスの効果だけでなく、同時に「マイナスの効果」も持っているんです。

「政策を実施すると、悪いことが起こっちゃうってこと？？」

そうなんです。だから、プラスの側面だけに注目して、ガンガン財政政策・金融政策をしてしまうと、その裏で大変なことが起きてしまうんです。

財政政策・金融政策の「マイナスの効果」とはどんなものか、具体的に説明していきます。

●財政政策の弊害

まず財政政策です。 財政政策を実施すれば、需要が増えます。そうすると、国民所得が増えますね。ここまではいいんです。問題はここから。

国民所得が増えると、貨幣需要が増えるという説明をしましたね。経済が拡大すれば、消費者の買い物の量も増えます。そして、買い物量が増えるので、その分多く現金（貨幣）を持とうとするわけです。

「うん、それは前に説明してたね。それで？」

一般的に、需要が増えると、「需要と供給の関係」から、値段が上がります。これは貨幣についても当てはまります。だから、貨幣需要が増えれば、貨幣の値段が上がります。つまり「利子率」が上がるんです。

「需要」が増えても、同時に「供給」も増えれば、値段は変わりません。でも、財政政策では、政府支出を増やすだけなので、世の中のお金の量（貨幣供給）は増やせません。つまり、貨幣需要だけが増えてしまうわけです。

利子率が上がると、経済にどういう影響が出るかも前に説明しました。利子率が上がれば、企業の投資は減り、総需要が減ってしまうのです。せっかく政府が「政府支出」を増やして総需要を増やしたのに、その結果利子率が上がって企業の投資が減っちゃうんです。

これが財政政策をする上でのデメリットです。ちなみに、このように政府支出が増えた結果、企業の投資が減ってしまうことを「クラウディング・アウト」といいます。

「なるほどね。でも、完全に財政政策が無意味になるわけじゃないんでしょ？」

この「クラウディング・アウト」がどのくらいの大きさになるかは、財政政策の結果として、利子率がどのくらい上がってしまうか、また利子率が上がった時にどのくらい投資が減ってしまうか、によります。もし、政府の景気対策の結果、急激に利子率が上がってしまうと、企業の投資は一気に減りますね。理屈の上では、政策の効果が完全に帳消しになることもあり得ます。

これが財政政策の副作用です。

まとめ

財政政策を実施して需要を増やしても、同時に利子率も上がって投資が減ってしまう。財政政策の効果が（一部）相殺されてしまう。

金融政策の弊害

次に、金融政策です。金融政策で世の中の貨幣量を増やすと、利子率が下がって、企業の投資を増やすことができます。そして一方で、金融政策では財政政策の時のような「副作用」は起こりません。

「え、そうなの？ じゃあバンバン金融政策を実施しちゃえばいいんだ」

いえいえ、そうではありません。さっきも説明しましたが、景気は良くなり過ぎるのもいけません。総需要が少ないと不景気になって困りますが、多過ぎても困るんです。だから何も考えずにバンバン実施するというのは、「NG」です。

さらに言うと、金融政策は実施できる「余地」が最初から決まっています。財政政策は、政府がお金さえ持っていれば、「無制限」に実施することができます。でも金融政策は違います。

金融政策とは、メインには「金利を下げて需要を増やすこと」です。ということは、金利が「もう、これより下げられない！」というところまで下がり切ってしまうと、そこで終わりなんです。それ以上は金融政策を実施することが難しくなります。

現在の日本もそうですが「ゼロ金利」の状態ですね。そして、「ゼロ金利状態」になると、「じゃあもっと金利を下げて、需要（投資）を増やそう！」と考えても、無理ですね。

このように、金利が極限まで下がり切ってしまって、金融政策ができなくなる状態を「流動性のわな」といいます。

「そっかぁ、じゃあ、ゼロ金利まで下げちゃったら、あとは財政政策だけでがんばるしかないんだね」

金融政策のメインの手段は、「金利を下げること」です。でも、じつはもうひとつ方法があります。それは、「世の中にある貨幣量自体を増やす」という手段です。世の中のお金の量自体を増やせば、企業がお金を借りやすくなり、企業の投資が増えるというメカニズムです。こういう政策を「量的緩和政策」といいます。

金利が下がれば、企業はお金を借りるハードルが下がるので、投資を増やします。でも金利が下がらなくても、「手元にある現金」がたくさん増えれば、お金を使うようになるんです。

特に銀行は「手持ち現金」が増えると、企業により積極的に資金を貸し出すようになります。

「なんで？」

銀行は、企業にお金を貸し出さないと利益が上がりません。自分の金庫にお金をたくさん入れておくと、「収益率」が悪くなってしまうんです。なので、銀行の手持ち資金が増えると、「やばい、自分で持ってても増えないから運用成績が下がってしまう。貸し出ししなきゃ！」といって民間企業に積極的に貸し出すようになります。

だから、それまで銀行が「この企業は経営状態が少し悪いから、お金は貸せないなぁ」と思っていた企業にも、「リスクは高めだけど、融資しようか」となるんです。そうなると結果的に世の中の投資が増えるわけです。

とはいえ、この「量的緩和政策」は苦肉の策です。やらないよりマシですが、通常実施している金利を下げる政策に比べると効果が弱まります。

だから、やはり「金融政策のやりすぎ」もよくありません。

また、金融政策は「長期の経済」に大きな影響を及ぼします。財政政策実施時に起きてしまうクラウディング・アウトは起こりませんが、長期で考えると大きなデメリットがあります。日々の運動不足が、健康に影響を与えるように、知らず知らずのうちに悪い影響を残していくのです。これは「長期の経済」で改めて説明します。

まとめ

金融政策を実施してもクラウディング・アウトは起こらないが、金利を下げすぎると「流動性のわな」に陥る。金融政策には、実施できる「余地」が決まっている。

第5節　IS-LM分析

副作用を起こさず国民所得を増やすために

財政政策を実施して需要を増やすと、その副作用として利子率が上がってしまいます。そしてその結果、企業の投資が減り、総需要が多少減ってしまいます。

このような副作用が起こってしまうのは、財政政策を実施して国民所得が増えた結果、貨幣需要だけが増え、一方の貨幣供給は増えないからです。つまり「貨幣の需要・供給バランス」に原因があるわけです。

商品に対する需要が増えれば、それを買うためにもっと「貨幣」を持とうとします。でも、世の中の貨幣量が増えていなければ、「貨幣需要」が増えた分だけ、利子率が上がってしまうのです。

とすると、ここでまた重要なことに気が付きます。経済が発展するためには、総需要（商品への需要）を増やせばいいのではなく、同時に「それを買うための貨幣が十分にあるか」にも目を向けなければいけないということです。

「言われてみれば、そうだよね」

そして、この考え方と理論が、大学の経済の授業で習う有名な「IS-LM分析」なんです。

「え？ IS-LM分析ってこんな単純なことなの？？」

大枠の考え方はこれだけです。

IS-LM分析とは要するに、政策を実施したときに、どういうメカニズムで、どのくらい国民所得が増えるか、また同時にどのくらい副作用が起きるから、どう対処しなければいけない、ということを解析するものなのです。

もう少し詳しく説明すると、こうなります。

まずIS-LM分析は、「バランスよく国民所得を増やすため」の分析です。どうすれば国民所得が増えるかを考えるためにできた分析方法なんですね。政府が、経済を発展させるためにはどんな政策を実施したらいいか、このIS-LM分析を使って検討するわけです。

短期の経済では、経済の規模を決めるのは「総需要」です。総需要の大きさに合うように、国民所得が決まるんです。それはここでも変わりません。だから総需要が増えれば国民所得が増える、総需要が減れば国民所得も減ると考えてください。

ただし、先ほど説明したように、総需要を増やそうとして政府支出を増やすと、利子率が上がって副作用が起きてしまいます。

「どうすれば、副作用をなくせるの？？」

それをはっきりさせるのがIS-LM分析なんです。単純に総需要を増やすと、副作用が起こる、そうならないためには、どうすればいいか、を考えるんです。

IS-LM分析とは？

では、そのIS-LM分析とは一体どんなものなのか、順を追って説明していきましょう。やや理屈っぽい説明になりますが、ご容赦ください。

まず、IS-LM分析は「IS曲線」と「LM曲線」を使って分析をする方法です。

- 「IS曲線」とは、「商品の需要と供給」がつり合う、ちょうどいい「国民所得の額」と「利子率」の組み合わせを調べ、グラフにしたもの
- 「LM曲線」は「貨幣の需要と供給」がつり合う、ちょうどいい「国民所得の額」と「利子率」の組み合わせを調べ、グラフにしたもの

です。

ちなみに「商品の需要と供給がつり合う」というのを、「財市場が均衡する」「貨幣の需要と供給がつり合う」というのを、「貨幣市場が均衡する」といいます。

そして、このふたつのグラフが交わったところでは、「商品の需要と供給のバランス」が取れていて、かつ「貨幣の需要と供給のバランス」も取れています。要するに、このグラフの「交点」は、財市場も貨幣市場も均衡していて、「どっちも、ちょうどいい状態」なんです。

「言いたいことは分かるけど、なんで利子率と国民所得が関係しているのか分かんないよ」

それは、「商品の需要」と「貨幣の需要」が、利子率と国民所得によって変化するからです。

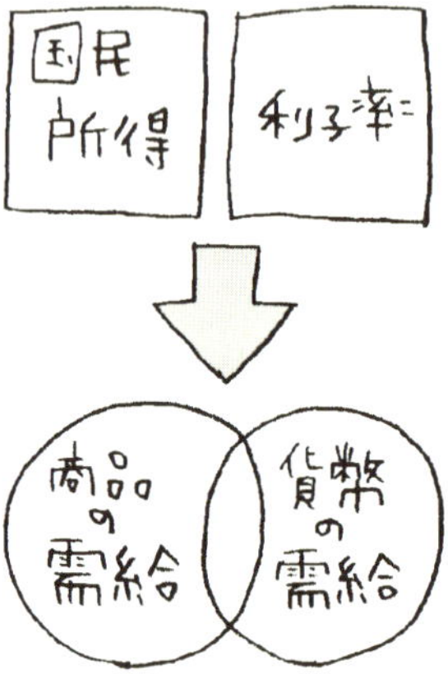

商品の需要、つまり今まで「総需要」として説明してきたものを再度分解して説明すると、

総需要　＝　国民が買う（消費）　＋　企業が買う（投資）　＋
政府が買う（政府支出）　＋　外国のお客さんが買う（輸出）

となります。

そして、この中で「消費」は国民所得に応じて変化し、「投資」は利子率に応じて変化しますね。要するに、国民所得と利子率が変わると、総需要の大きさが変わるんです。

一方、総供給は、国民所得のことですね（「三面等価の原則」を思い出してください。「供給（生産）＝所得」でした）。

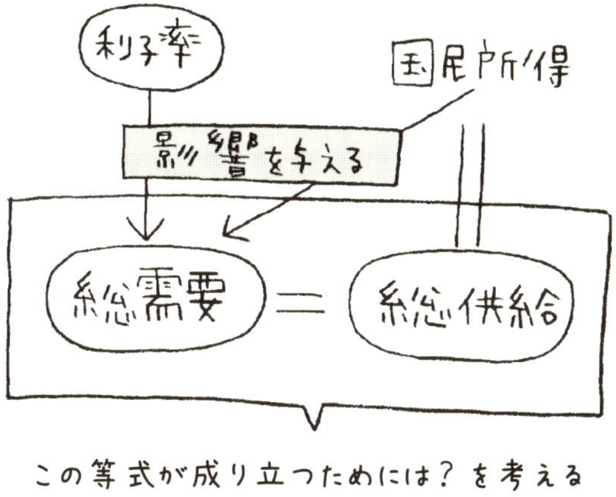

「いろんな要素が絡み合ってるね……」

いろいろ複雑に見えますがこう考えてください。要するに総需要と総供給が等しくなるためには、需給に影響を与える要素（つまり「国民所得」と「利子率」）が、「ちょうどいい感じの組み合わせ」にならないといけないんです。その「ちょうどいい組み合わせ」を見極めるのがIS-LM分析の第一歩です。

この「国民所得と利子率のちょうどいい組み合わせ」をイメージ的に説明してみます。まずIS曲線です。

まず、国民所得に具体的な数字を当てはめて考えてみましょう。たとえば500兆円です。国民所得（＝総供給）が500兆円の時、それと需要量が等しくなるには、利子率が何%になればいいかを考えるんです（需要を変化させる要素は「国民所得」と「利子率」ですが、国民所得は今500兆円と決めたので、利子率の変化だけ考えます）。

国民所得を500兆円と具体的に想定したので、消費の金額が確定しますね。具体的に「○○兆円」と算出できるわけではありませんが、国民所得が確定すれば、消費の金額も確定するはずです。

また、政府支出と輸出の金額は、国民所得と無関係なので、もともと金額が決まっていると考えます。

とすると、残りは「投資」です。しつこいですが、投資は利子率によって大きさが変わりますから、「総需要」が「総供給」に等しくなるような利子率があるはずなのです（これは「考え方」での話であって、具体的な利子率の数値が分かるわけではありません）。

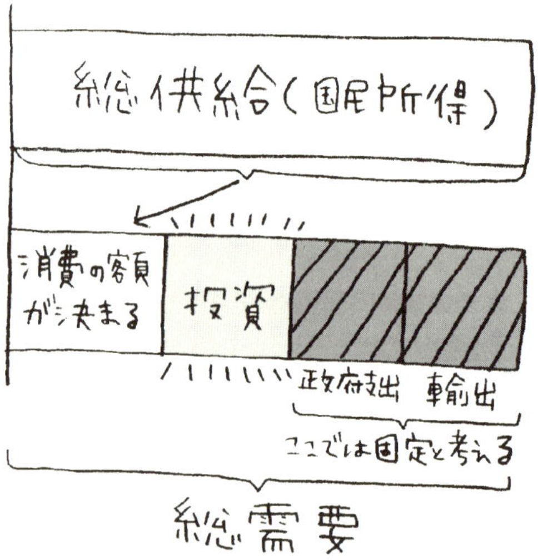

そしてその利子率が分かったら、「国民所得が○○兆円のとき、利子率が××％だと、商品の需要と供給のバランスがとれる」ということが分かるのです。

次に国民所得の金額を変えて、「450兆円の時はどうか？」「600兆円の時はどうか？」といろいろな状況で試算していくと、「商品の需要と供給」がつり合う、ちょうどいい「国民所得の金額」と「利子率」の組み合わせが分かるはずです。それをグラフにしたのがIS曲線なんです。

そして、結果的にいうと、右下がりの曲線になります。

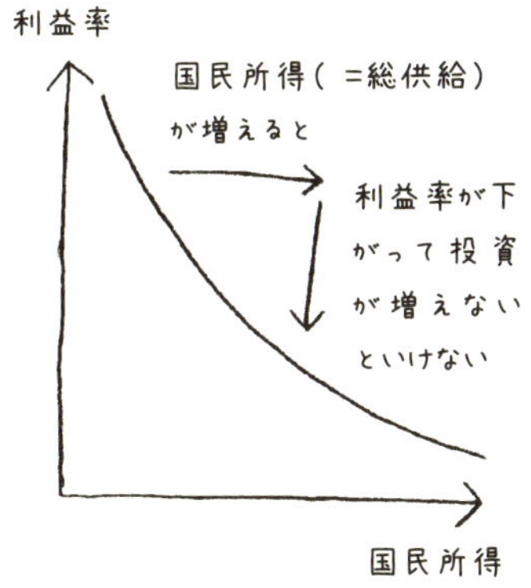
利益率
国民所得（＝総供給）
が増えると
利益率が下
がって投資
が増えない
といけない
国民所得

IS曲線

IS曲線は、「財市場が均衡する国民所得と利子率の関係」をグラフにしたものです。ある点でバランスが均衡が取れているとします。その点から、国民所得（＝総供給）が増えたとしましょう。このままでは需給のバランスが崩れてしまうので、均衡を保つためには、需要も増えなければいけません。どうやって需要が増えるかというと、「利子率が下がることによって」です。利子率が下がれば投資（＝需要）が増えて、均衡が保たれます。だからIS曲線は右下がりになるんです。

そして次は、LM曲線（「貨幣の需要と供給」）です。まずは、LM曲線がどんな形をしているか、同じようにざっくりとイメージをつけてみましょう。

まず国民所得をまた500兆円と想定して、考えてみます。

商品を買うために、消費者は貨幣を持たなければなりません。これが「貨幣需要」です。どんな時でも、取引をするために、貨幣需要は存在しています。そしてこの「何かを買うため」に持つ貨幣需要は、国民所得の大きさに依存していますね。

一方で、自分の資産を利子が付く債権で持っていれば、儲かります。だから、利子率が高くなると、「今は買い物を我慢してでも利子がほしい」と感じて債権を買います。債権を買うということは、つまり現金を手放すということなので、その分「貨幣需要」が減る、利子率に応じて「貨幣需要」の大きさが変化するということです。利子率が上がると貨幣需要が減るわけです。

貨幣の供給量、つまり世の中に出回っている貨幣量をとりあえず一定として考えると、国民所得が500兆円の時には利子率が何％になれば「貨幣需要＝貨幣供給」となるのかが分かりますね。

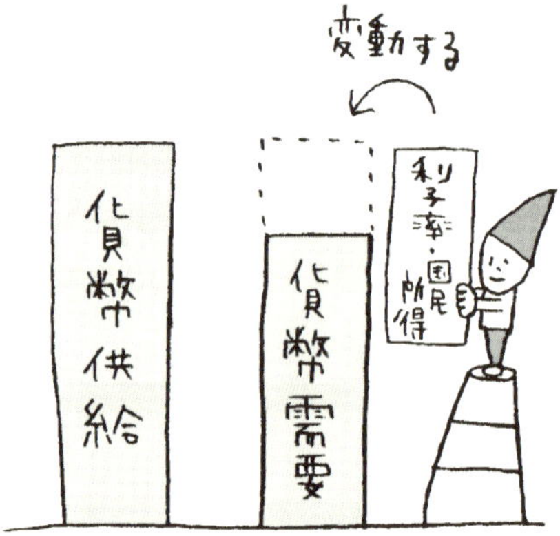

すると貨幣に関しても、「貨幣の需要と供給」がつり合う、ちょうどいい「国民所得のレベル」と「利子率」の組み合わせが分かります。それをグラフにしたのがLM曲線です。LM曲線は、右上がりの曲線になります。

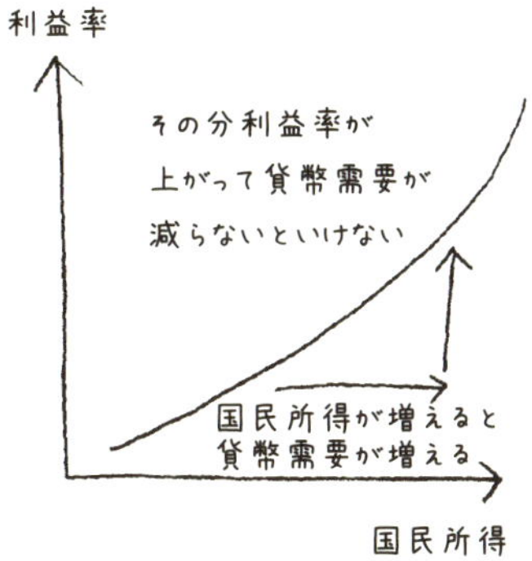
利益率
その分利益率が
上がって貨幣需要が
減らないといけない
国民所得が増えると
貨幣需要が増える
国民所得

LM曲線

IS曲線と同様に、均衡が取れている点からスタートして考えます。ここから国民所得が増えると、もっと買い物したい！と思うので、貨幣需要が増えます。このままだと均衡が崩れてしまうので、何らかの理由で貨幣需要が減らなければいけません。それは「利子率が上昇することによって」です。国民所得が増えたとき、利子率が上がれば、貨幣の均衡は保たれます。だからLM曲線は右上がりになるんです。

まとめ

IS曲線は、財市場の均衡が取れる国民所得と利子率の組み合わせを表したグラフ。LM曲線は、貨幣市場の均衡が取れる国民所得と利子率の組み合わせを表したグラフ。

IS-LM分析で考えてみましょう

ここまでで、IS曲線とLM曲線の考え方を説明してきました。でも、もちろんこれだけでは意味がありません。ここからが本番です。このIS曲線とLM曲線を使って、IS-LM分析をしていきます。

その前に、再度IS-LM分析の目的を確認しておきます。「どうすれば安定的に国民所得を増やすことができるかを分析すること」でしたね。

まずはこれをしっかり頭に入れておいてください。IS-LM分析の説明は長くなるので、途中で目的が分からなくなりがちです。そうすると、「結局これって何のためにやってるんだっけ？？」となってしまいますので、気をつけてくださいね。

IS曲線は、国全体で考えて商品の過不足が出ない国民所得と利子率の「ちょうどいい組み合わせ」を示しています。そして、LM曲線は、貨幣の過不足が出ない国民所得と利子率の「ちょうどいい組み合わせ」を示していますね。ということは、この両方の曲線が交わったところでは、商品と貨幣の両方が「ちょうどいい状態」になっているということです。これが大事なんです。

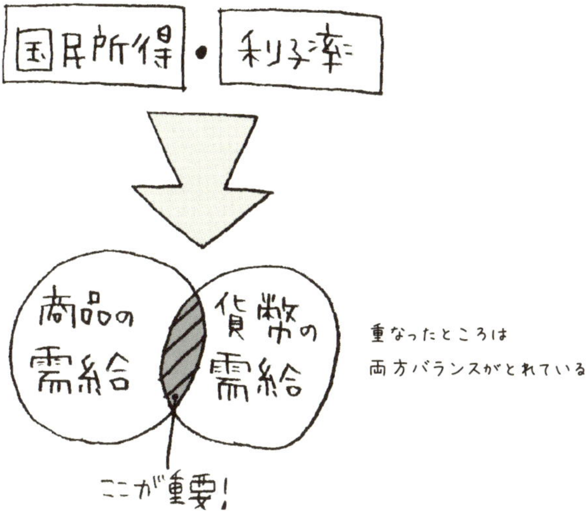
国民所得・利子率
商品の需給
貨幣の需給
重なったところは
両方バランスがとれている
ここが重要！

「なんで？？」

それは、商品と貨幣はお互いに関連しているからです。前に説明したように、世の中の景気を良くしようと「総需要」を増やします。でも、その時に貨幣が足りなかったら、副作用が起きてせっかく増えた総需要がまた減ってしまいます。

取引は、商品も貨幣もちょうどいい量が存在していないとスムーズに成立しないんです。つまり企業が、消費者がほしいものをほしいだけ生産して供給したとしても、それを買うのに貨幣が手元になければ意味がありません。

貨幣需給のバランスが取れていないと「それほしいんだけど、今は財産を全部債権に換えちゃってるから、買えないや」となって、結局商品が売れなくなるんです。

このように商品と貨幣はつながっているので、両方の需要・供給を均衡させないといけないわけです。

「なるほどね。で、これでIS-LM分析は終わり？」

いえ、まだです。さっき、IS-LM分析の目的を「どうすれば安定的に国民所得を増やすことができるかを分析すること」と説明しましたね。なので、これから、どうすれば国民所得を増やせるかを考えていきます。

「商品、貨幣の両方の需要・供給バランスを考えた上で、ってことか」

その通りです。

短期の経済では、国民所得を決めるのは「総需要」の大きさです。ここでも「国民所得を増やすには、総需要を増やさなければいけない」ということは変わらないんでしたね。だから、総需要をどうやって増やすかを考えます。

「どうやって増やすかを考えるって……どうやって？」

ここで使える手段は「財政政策」と「金融政策」です。このふたつの政策をどう使えば、総需要がどう増えるかを考えるんです。

まず財政政策で政府支出を増やすとしましょう。

政府支出を増やすと、総需要が増えて、国民所得を増やすことができます。でも、同時に利子率が上がってしまいますね。利子率が上がると、投資が減るので、政策の効果を相殺してしまう、という話でした。

でもその効果が相殺されてしまうのは、商品の需要に合わせて貨幣需要も増えたのに、「世の中の貨幣量が変わっていないから」です。貨幣量が同時に増えれば、利子率は上がりません。そして利子率が上がらなければ、副作用も起こらず、財政政策の効果がそのまま活きてきます。

「貨幣量が増えれば、っていうのは、
『たまたま増えれば』ってこと？」

違います。正しくは「同時に金融政策で増やせば」ということです。政府が財政政策を実施するのに合わせて、日銀が金融政策を行って、世の中の貨幣量を増やせばいいんです。

また、さっきの流れで考えていきましょう。
不景気の時に、政府が財政政策を実施します。政府支出を増やすわけですね。そうすると、利子率が上がります。
でも、この時に同時に金融政策を実行して、世の中の貨幣量を増やすとどうなるでしょう？「貨幣供給」が増えるので利子率は上がりませんね。そして、利子率が上がらなければ、企業の投資も減らずに済みます。つまり、副作用が起こらないわけです。

「なるほど、財政政策だけより、同時に金融政策も
やった方がいいわけだ」

その通りです。

では今度は反対に「金融政策だけ」の場合を考えてみます。金融政策で世の中の貨幣量を増やすと金利が下がります。そして、その結果企業の投資が増えます。短期的には特に大きな弊害も起こらないので、その分「安心して」実施できます。

でも、金融政策には実施できる「幅」がありましたね。金利が下がり切ってしまうと、もうそれ以上できないんです。そして、また金融政策を行いたいと思ったら、一度金利を高くしなければいけないのです。だから、ちゃんと「今後」のことも考えつつ、慎重に金利を下げていかなければいけません。

財政政策は、お金さえあれば、「過去」に振り回されず、その都度リセットされた状態で実施できます。でも金融政策は常に過去や未来とのつながりの中でやっていかなければいけないんです。

「だとすると？」

「金融政策だけ」よりも、「財政政策とセット」で実施した方が効果を出しやすいということです。そうすることで、できるだけ手元に「カード」を残しつつ、足元の景気を改善させることができるのです。

以上が、IS-LM分析の概略です。

「他の教科書では、どうするとグラフが動くとか説明してたけど、そういう話はしないの？」

IS-LM分析をグラフ上で行えば、より正確に政策の効果や影響を理解することができるでしょう。でも、それをやろうとすると、話が一気に数学的になって、直観的にIS-LM分析の意味が捉えづらくなります。なのでこの本では敢えてその話はしません。

それよりも大学で教えられているIS-LM分析とは何だったのか、どんな意味があって、何をしようとしていたのかを理解していただくことが重要で、グラフよりも理屈を押さえた方が有益です。

まとめ

財政政策だけよりも、金融政策だけよりも、両方を組み合わせて実施した方が効果的

政策実施時のIS曲線、LM曲線の変化

グラフより意味を押さえることが大事！ ですが、念のためグラフでの説明も加えておきます。あくまでも補足として捉えてください。

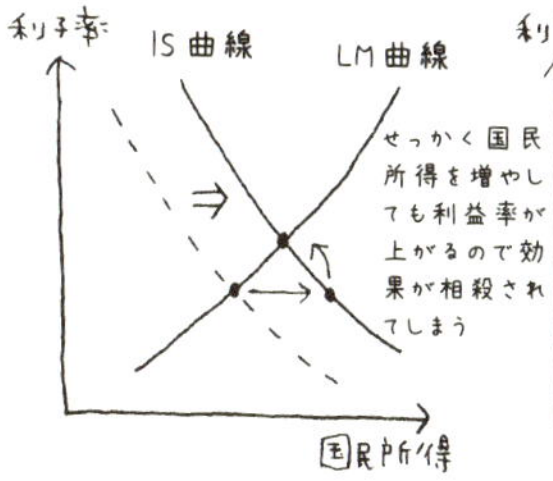

財政政策だけ実施した時

この時はIS曲線だけが右に動きます。その結果、国民所得は増えますが、利子率も上がるので、クラウディング・アウトが起こり、効果が（一部）相殺されます

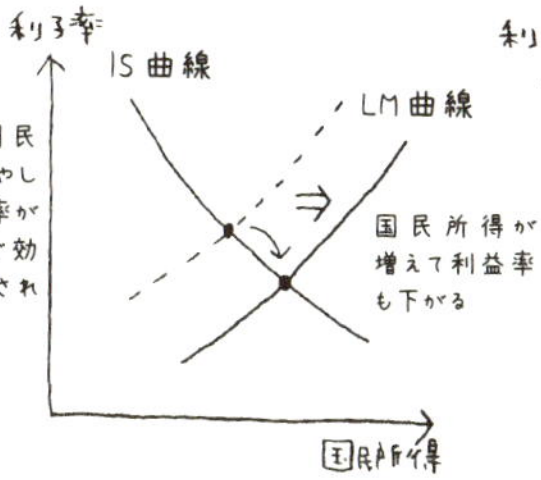

金融政策だけを実施した時

この時は、LM曲線だけが右に動きます。国民所得は増え、利子率も下がります。でも、利子率が下がりきったら、それ以上金融政策はできません。

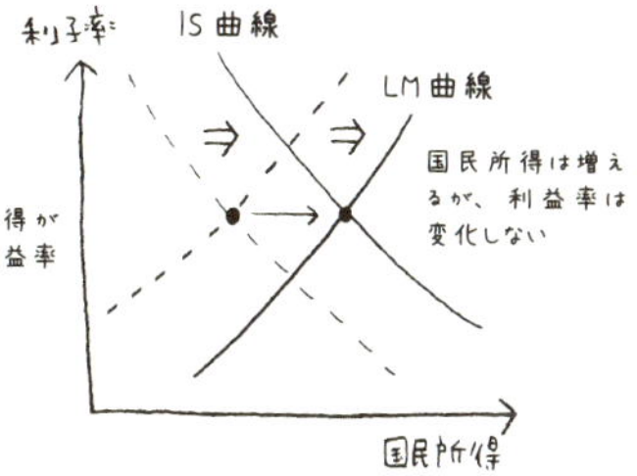

両方の政策を実施した時

財政政策、金融政策を両方同時に実施すれば、利子率を大きく変化させずに国民所得を増やすことができます。クラウディング・アウトも起こらず、金融政策の「余地」も減りません。

どんどん景気対策をやるべき？

IS-LM分析の理論に基づき、財政政策と金融政策を組み合わせて実施すれば、短期的には副作用なく経済を発展させることができることを説明してきました。

「じゃあ、その理論に基づいてやれば、景気対策としてバンバン政策を実施できるね」

じつは、まだそうとも言えないんです。理由はふたつあります。

ひとつめの理由は、財政政策や金融政策は、「栄養ドリンク」のようなもので、効果が一時的だからです。政府がお金を使ったから需要が増えただけ、日銀が金利を下げたから需要が増えただけで、経済の底力が強くなっているわけではないんです。

体力をつけたかったら、栄養ドリンクを飲むのではなく、日々トレーニングをして地力をつけなければいけませんよね。でも、ドリンク剤を飲むと、一時的に元気になれるので、気分的にこちらに頼りたくなります。「元気がない」「最近ちょっと弱ってきた」と感じると、すぐに栄養剤に頼ってしまい、基本的な肉体改造や生活習慣の改善を怠ってしまう恐れがあります。

経済についても同じことが言えます。少しばかり景気が悪くなると、すぐ「政策を！」「政府と日銀は何をやってる！」と他力本願的な発言が出てきます。本当は、自分達がトレーニングを積んで、より強くならなければいけません。でも政策が頻繁に助けてくれると、それに甘えるようになってしまうんです。

「ずっと政策に甘えるっていうのはナシ？」

道徳的に、また精神論的によくないということを抜かして考えても、残念ながらそれはできません。

政府が財政政策をするためには、財源が必要だからです。財源が足りなくなると、できなくなってしまうんです。また、金融政策も無限にはできないんでしたね。だから延々と政策ができるわけではなく、政策に頼り過ぎるのはよくないんです。

それに、もうひとつ、「政策をバンバン実施してはいけない理由」があります。それは、「景気以外にも、大事なものがあるから」です。経済は、景気がよくなればそれでいいというわけではなく、他にも注目しなければいけないものがあるんです。

「それは何？？」

「インフレ率」と「失業率」です。冒頭で、「マクロ経済学の目的」を説明しましたね。「インフレ率と、失業率を低く抑えながら、経済を発展させていくにはどうすればいいか、を考えること」でした。メインの目的は、「経済を発展させること」ですが、インフレ率や失業率が高くならないように注意しなければいけないんです。

失業率についてはすでに説明しましたが、まだ「インフレ」は説明していませんね。インフレについて解説していきます。

インフレとは？

「まず、インフレって何だっけ？？ よく『デフレは悪』って言われるけど、インフレも悪いものなの？」

まず、「インフレ（インフレーション）」とは、物価が上がる状況を指します。特定の人気商品の値段が上がったり、異常気象で一時的に野菜の値段が高くなったりするのとは違い、世の中の商品の値段が全体的に上がっていく状態です。

「で、何がいけないの？ それほど重大なことに思えないんだけど」

では物価が上がるデメリットを考えてみましょう。

パッと見では、物価が上がるだけだったらそれほど悪いことはないようにも思えます。インフレは商品の値段だけじゃなく、労働者の給料も上がっていくのが通常です。となると、仮にインフレで物価が上がったとしても、その分自分の給料も増えるので、結局「元に戻るだけ」ですね。別に悪いことはないような気もします。

「違うの？」

確かに、「これから先」だけを見れば、たとえば、受け取るお金と支払うお金がそれぞれ2倍になるだけで、大した影響はありません。

しかし、インフレは「過去からの蓄積」に対しては非常に厄介な影響を及ぼしてしまいます。

例えば、みんなが一生懸命働いて貯めたお金はどうなるでしょう？　みなさんの給料水準は物価に伴って上がっていっても、みなさんの貯金額は増えません。世の中の物価が2倍になったからと言って、貯金していた100万円は「じゃあ200万円に変更ね」とはなりません。つまり、貯金額は変わらないので、物価が2倍になれば、貯金は実質半分になってしまいます。物価が上がった分だけ、貯金は目減りしてしまうわけです。

だから仕事をやめて今までの蓄えだけで生活している高齢者などはインフレが起きてしまうと、どんどん「貧しく」なっていってしまうのです。

また自分が誰かにお金を貸した時のことを考えてみてください。あなたは友達に100万円貸しました。友達は来年利子を含めて200万円返す約束をした。しかしここでインフレが起きて、物価が一気に100倍になったとしたらどうなるでしょうか？　物価が100倍だから来年の200万円は今年でいうと2万円の価値しかなくなってしまいます。せっかく100万円貸したのに、返してもらうお金は2万円の価値しかない、こんな状態になったら誰もお金を貸さなくなります。これは困ります。

その上、このように貨幣の価値が安定しないと、みんな貨幣を信用しなくなりますね。昨日は1万円だったのに、今日になったら半分の価値しかなくなるとしたら、誰もお金を持とうとしなくなります。これでは、物々交換の時代に逆戻りです。これも困りますね。だからインフレは困るんです。

「っていうか、そんな急激にインフレになることってあり得るの？」

歴史的に見ると、第二次世界大戦後の日本では終戦から8年間で卸売物価が100倍近く上昇しました。また、現代でも1980年にアルゼンチンで5000％のインフレが、2008年にジンバブエではなんと年率2億3100万％（「1円の商品」が1年後には「231万円」になる計算です）の超インフレが起きています。あり得ない話ではないんです。

普通の状態ではそこまでのインフレは起こりませんが、日本やアメリカ、ヨーロッパで普通に起こりうる「穏やかなインフレ」でも、デメリットの内容としては同じです。

まとめ
インフレとは、お金の価値がどんどん下がること。貨幣の価値が安定しないと、貨幣への信頼がなくなり、誰も貨幣を持とうとしなくなってしまう。

政策を実施すると、インフレが起こる？

「インフレのデメリットは分かったけど、景気対策と何か関係あるの？」

それが「大あり」なんです。一般的に、景気が良くなるとインフレが発生してしまうんです。つまり、景気を改善させる目的で、政策を実施すると、その「副作用」で、インフレが起きてしまう可能性があるんです。どういうことか説明しますね。

まず、政府や日銀の政策で景気が良くなるとします。これはいいことですよね。景気が良くなると、企業はもっと生産量を増やそうとして、労働者を雇います。これもいいことです。

景気がいい時は、多少給料を高くしても、人を集めたいと考えています。また同時に、労働者も「商売がうまくいってるんだから、もっと給料高くしてよ」と企業に要求します。結果として、企業が人件費アップを受け入れるので、労働者の給与水準は高くなっていくわけです。

「とすると、どうなるの？」

人件費は企業にとっては「費用」です。だから人件費が上がるということは、費用が増えるということです。そして費用が増えてしまうと、同じくらいの利益を確保するためには、商品も値上げしなければいけません。結果的に、商品の値段を上げるんです。

景気が良くなるということは、世の中の企業全体で同じような状況になるわけで、世の中の商品が全体的に値上げされることになります。これって「物価が上がった」ってことですよね。景気が良くなった結果、物価が上がってしまった、つまりインフレになってしまったわけです。だから、景気を良くしたいからといって、バンバン政策を実施するのは考えものなんです。

まとめ
景気対策はインフレにつながる

インフレか失業か、どっちか選びなさい！？

繰り返しですが、マクロ経済学の目的は「インフレ率と、失業率を低く抑えながら、経済を成長させるにはどうすればいいか、を考えること」です。

でも、今説明したように、景気が良くなるとインフレ率が高くなってしまいます。経済発展と「低インフレ率」は相反するものなんですね。
一方で、経済発展と「低失業率」は同種類と考えられます。経済が発展すれば、失業率が下がり、反対に不景気になると、失業率が上がるからです。なので、「低失業率」を目指すことと、経済発展を目指すことは似たようなことなのです。

「似ているというか、同じことでしょ？」

いえ、「同じ」ではありません。経済が発展しても、貧富の差が広がって、金持ちがさらに金持ちになる一方、貧しい人がどんどん職を失うということもあります。ただし、ここはとりあえず俯瞰的に捉え、「経済発展をすると失業率が下がる」と考えていきますね。

そう考えると、失業率は景気が良くならないと下がらない、ということになりますね。でも一方で、景気が良くなるとインフレ率が上がってしまう、ということは説明しました。つまり、「失業率」を下げようと景気対策をすると、「インフレ率」が上がってしまうわけです。

反対に、インフレ率を下げるためには、景気が悪くなり失業率が高くなることを覚悟しなければいけないのです。シーソーのように、片方を下げようとすると、もう片方が上がってしまう、そんな構造なんです。

「理屈は何となくわかるけど、本当にそうなるの？」

フィリップス曲線

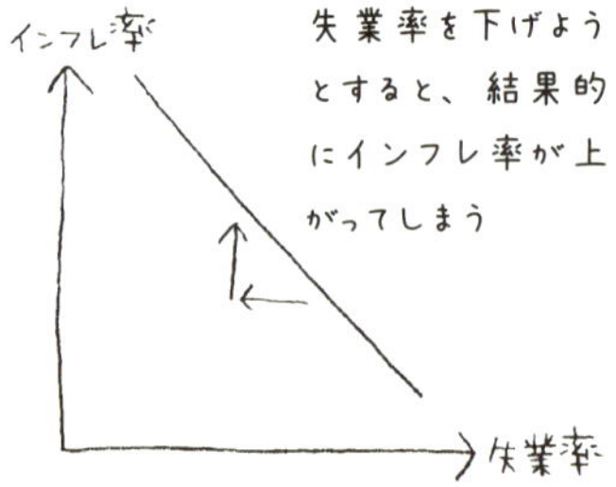

失業率を下げると、インフレ率が上がってしまう。インフレ率を下げようとすると、結果的に失業率が上がってしまうという関係になっている。

このインフレ率と失業率の関係は、1958年にアルバン・ウィリアム・フィリップスという経済学者が「発見」した理論で、現実の世界のデータでも確認されています。そして今では「失業率が下がるとインフレ率が上がる、インフレ率が下がると失業率が上がるという関係」は「フィリップス曲線」と呼ばれています。

これは困りましたね。政府は、インフレ率も失業率も低くしたいと思っています。でも、それができないということが過去のデータから分かったんです。つまり、「低インフレ率」を取るか、「低失業率」を取るか、どちらかを選ばなければいけません。ここにも「トレード・オフ」があるわけです。

「じゃあ、どっちを取ったらいいの？」

それほど極端なインフレでなければ、インフレのデメリットは、じわじわ現れます。すぐに実感できるわけではありません。それに対して、失業のデメリットは、すぐに、しかも失業した当事者にとっては強烈に感じます。

そのため、傾向的には、有権者は政府に対して失業率改善を要求し、政府も目先の支持を得るために失業率改善を目指します。特に、不況下では、モノが売れずに物価が下がるデフレになっているケースがあります。世の中がデフレであれば、むしろインフレを誘発した方が好ましい、だから失業率改善だけ考えていればいい、という意見もあります。

「その意見に賛成！」

たしかに、目先のことだけを考えれば、物価が上がることに多少目をつぶりつつ、失業対策をすべきという意見は納得できます。「短期の経済」では正しい考えかもしれません。でも、長期の経済ではまた別の結論になります。失業対策が「正しい政策」かどうかは、それを説明した上で、改めて考えたいと思います。

まとめ

失業率を下げるとインフレ率が上がる、インフレ率を下げるためには失業率が上がることを覚悟しなければいけない。この失業率低下とインフレ率低下は「トレード・オフ」の関係にある。

第6節 長期の経済

短期では、「総需要」が国民所得、つまり経済の規模を決めます。だから政府や日銀が政策を実行して、「総需要」を増やしたり、安定させれば、経済がうまく回っていくのです。

でも、「長期の経済」では話が変わります。短期では正しいことでも、長期では無意味なこともあります。さらに、むしろ悪影響が出たりします。ビジネスでも短期的には重要で必要なことでも、そればかりに囚われていると、長期的な成長力を失うってこと、ありますよね。それと似たようなことです。

では、経済を「価格が調整された後の『長期』」で見た場合、どんなことが言えるのか、ここからはそれを考えていきます。

経済の規模は何で決まるのか？　～長期の経済

前に説明した通り、商品や職探しなどの需要・供給のアンバランスが解消された後を「長期」と呼びます。アンバランスは、「価格が変動することによって」調整されるんでしたね。

「余っているもの」はどんどん価格が下がり、価格が下がれば、需要が増えてきて、やがて「需要＝供給」になります。そこまで値段が下がるということです。

逆に「足りないもの」は、これまた「需要＝供給」となるところまで、値段が上がっていきます。

その結果、需要と供給が等しくなるわけです。そして重要なのは、バランスがとれるくらいまで価格が（制限なく）上下する、ということです。ここは非常に大事なポイントですので、しっかり押さえてください。

そして、しつこいですが、「長期」は決して「遠い未来」を指しているわけではありません。価格の調整が数分で済めば、数分後が「長期の経済」になります。これは特に政策論を考える際に重要となるポイントです。「長期＝遠い将来」と考えてしまうと、「理論はともかく、遠い将来はまだ考えなくていい」という考え方になりがちです。でも決して「遠い将来」とは限らないのです。「長期＝価格が調整された後」という理解をしっかり持っていてください。

では、長期で考えると、経済の規模は何で決まるかについて考えます。

結論からいうと、長期では経済の規模は、「どれだけ生産できるか」によって変化します。必需品や日用品など、商品をたくさん生産できる国では、モノが豊富にあり経済が豊かになります。生産性が高くて技術を持っている国では、どんどん経済が発展していくわけです。

反対に、発展途上国のように、まだまだ生産能力が低い国では、現時点でも十分な生活雑貨が手に入らなかったり、日本では当然のように使われている機器も存在していません。

こう考えると、長期で見た経済発展が「どれだけ生産できるか」に依存するということも納得いただけるかと思います。

「でもさぁ、たくさん生産できても、買う人がいなければ意味なくない？」

お店に商品が並んでいても、買う人がいなければ取引は行われない、と考えるのは「短期」の見方です。「長期」では違うんです。

「長期」では、価格が調整されて、需要と供給のアンバランスが調整されてますね。つまり、誰かが買ってくれるまで、値段が下がり続ける、ということなんです。だから長期では、「商品はあるのに買う人がいない」という状態はないのです。

もっと言うと、価格が調整されるということは、「供給量が基本となって、需要が供給に近付くように調整される」ということです。だから、結果的に「供給量」が「取引量」になるんです。「どれだけ取引されるかは、どれだけ供給されるか次第」ということなのです。

「あれ、ちょっと混乱してきた」

先ほど「余っているものは安くなって需要が増える、足りないものは高くなって需要が少なくなる」と説明しました。要するに、価格が変化することで、(供給量は変わらず) 需要量が変化するということです。だから、供給量が取引量になり、供給量が経済の規模、つまり国民所得を決めることになるんです。

さらに言うと、供給量が多ければ、その国の経済はモノが豊富に存在する豊かな経済になります。反対に少ししか生産できない未開の地域では、経済は「それなりの規模」までしか育たないわけです。

供給が変化して
「需要=供給」になる

需要が変化して
「需要=供給」になる

まとめ

長期の経済では、供給量が需要量を決める

長期では供給量が「一定」になる

長期では、商品の需給バランスだけでなく、雇用の需給バランスも取れています。

給料は「労働の値段」ですが、その値段も上下します。となると、長期の経済では労働者が余らない、つまり失業がない状態になるんです。

「へぇ、それはすごいね！」

失業がなくなるという話も興味深いですが、ここで言いたいことは別にあります。

それは、長期で考えると、その社会が持っている労働力を全部使い切っているということです。なお、これを「完全雇用」といいます。そして、完全雇用の状態で生産できる商品量を「完全雇用国民所得」という表現をします。

「あれ？ ということは、長期では常に
その『完全雇用国民所得』になってるってこと？」

そうなんです。「長期では、生産量が『完全雇用国民所得』のレベルで一定になる」と考えられます。ここは超重要ポイントです。そこから多くも、少なくもならない。そこで「一定」になるんです（「一定」というのは、その時の完全雇用国民所得の水準で一定という意味です。労働人口や技術レベルが変われば、完全雇用国民所得の水準自体が変わります）。

「ふーん、そんなに重要なの？」

「完全雇用国民所得」以上に生産量を増やすことができない、ということが重要なんです。

「完全雇用」以上には労働者を雇うことはできません。そして、労働者が増えなければ、商品の生産量も増えません。だから、「完全雇用国民所得」以上に生産量を増やすことができないわけです。

大前提として、長期では「供給量」が取引量になることは説明しましたね。だから結果として「完全雇用国民所得」以上に取引量、経済の規模を大きくすることはできないんです。

「需要が増えても、取引量は増えないってこと？？」

その通りです。仮に需要がどんどん増えても、そもそも生産量を増やすことができないので、取引量は変わりません。だから、需要が増えても意味がないんです。

まとめ

長期の経済では、すでに労働者が全員雇われているので、それ以上生産量を増やすことはできない。生産量は「完全雇用国民所得」の水準で一定になる

長期では、需要が増えても、物価が上がるだけ

さらに言うと、供給量が変わらずに需要量だけ増えると、商品の値段が上がっていきます。物価が上がっていくわけですね。つまり、長期で考えると、政策で世の中の需要を増やしても、物価を上げるだけということなんです。

「なんで物価が上がるの？」

供給が変わらないのに需要が増えてしまうと、「超過需要」が起こるからです。お店に並んでいる商品の数が変わらないのに、お客さんが増えるようなものです。これでは商品が明らかに足りなくなりますよね。

「商品が足りないと、絶対物価が上がるの？」

具体的な例で説明します。人気のカレーパンのお店があったとします。この店のカレーパンは超人気で、いつも行列です。ですが、カレーパンは手作りで、1日100個しか作れません。なので、需要が増えて、もしお客さんが200人並んだら、値段を倍にして売るしかありません。そして、もっと需要が増えて300人並んだら、値段を3倍にしなければいけません。需要が増えても、商品の生産量を増やせないので、値段で調節するわけです。

「そうとも限らないよ。値段を変えず、先着順に売ることもできるし」

1軒のカレーパンのお店で考えると、それは可能です。でも、日本全体で「先着順」で商品を売ると大変なことになります。みなさんは何を

買う場合でも、行列に並び、いつ買えるのか、しかも本当に買えるのかも分からず、列に並び続けなければいけません。今日の晩ゴハンを確保しなければいけないので、仕事をしている場合ではありませんね。

それに、お店にとっても、「買いたくても買えないお客さん」がたくさんいるんだったら、多少値上げしてもいいでしょ？ と感じるはずです。その方が自分も儲かるので、値上げは自然に行われるのです。その結果、物価は上がっていくのです。

まとめ　供給量が増えずに、需要量だけ増えると、物価が上がってしまう

どうすれば経済の規模が大きくなるのか？
～投資の重要性

「長期の経済では、需要が増えても物価が上がるだけで経済の規模は大きくならない、ってことだよね」

その通りです。「短期」と違って、「長期」では、需要が増えても経済の規模は大きくなりません。では、何が国民所得の大きさを決めるのでしょう？

それは、何度も出てきているように「供給量」ですね。長期の経済では、取引量は、商品の生産量に依存しますので、国民所得を増やすためには、もっと生産しなければいけないことになります。「大量生産・大量消費」の善し悪しは別にして、とにかく生産しなければ、経済が発展しないわけです。

また、経済をより速く成長させるためには、生産性をどんどん上げていく必要がある、ということにもなりますね。商品の生産性が高まれば、より早い時期に「大量生産」ができるようになり、どんどん生産量を拡大できます。これが長期で考えた時の経済発展のカギです。

「じゃあ、その経済発展のカギを握る『生産性』は、どうやって上げればいいの？」

生産性を上げるために必要なのは「投資」です。前に出てきましたが、「投資」とは、企業が将来のビジネスを有利に進めるためにする「買い物」です。一般的には株・外貨・土地の売買をイメージしますが、経済学では全然違う意味なので、ご注意ください。経済学でいう投資は、あくまでも企業の生産活動に役立って、かつ生産性を向上させられる自己投資です。

企業は将来のビジネスを効率的にするために、資本設備や建造物（建物）などを買うのです。

「その資本設備にお金をかけるほど、長期的に経済が発展するってこと？」

その通りです。「投資」が経済成長の源泉になっていて、投資を増やすほど、経済成長のスピードが速くなっていくのです。

「じゃあ、単純な話だね。日本ももっと投資を増やせばいいのに」

それが、そんなに単純な話でもないんです。なぜなら、企業が投資をするためには、家計が「貯蓄」しなければならず、貯蓄するためには、家計は消費を減らさなければいけないからです。また、企業も、持っている資源を投資に振り向けたら、今日のビジネス（商品の仕入や人件費）に使えないことになります。

「だから何なの？」

この本の冒頭で、資源には限りがあるということを説明しましたね。お金も天然資源も、人手（労働者）も、無限に存在しているわけではありません。社会全体として、持っている資源を「投資」に振り向けたら、その分「消費」に向けるものが減ってしまいます。将来のためには、今を我慢しなければいけない、ということです。

「よく分かんないぞ」

マクロ経済学の説明の最初に、企業と家計の役割について説明しました。そこで、家計が企業に資金を提供する役割について解説しました。

家計は、自分のポケットマネーで買い物（消費）をしますが、消費せずに貯めておく（貯蓄する）こともあります。この貯蓄が銀行などを通じて企業に貸し出されます。

そして、企業はそのお金を借りられるから、投資ができ、成長ができるのでした。と考えると、家計が貯蓄をしなければ、企業は投資するためのお金を確保できないということになります。

しかし、家計が「貯蓄をする」ということは、その分「消費が減る」ということです。みなさんも、受け取った給料のうち、貯金する割合を増やしたら、その分買い物ができなくなりますよね。

だから、いくら経済発展のためには投資が必要だからと言っても、みんなが「じゃあ投資を増やすために、どんどん貯蓄しよう」とは言えないんです。

「あれ、ということは、逆に『消費』が増えると、その分『投資』が減って、将来の経済成長率が下がっちゃうってこと？」

鋭いですね。じつはそうなんです。
消費が増えると、景気が良くなって、短期的に経済は成長します。でもあくまでそれは「短期の経済」なんです。将来に今よりもいい条件、効率的な設備で生産するためには、今使える商品ではなく、将来に役立つものをそろえる必要があります。それには家計の貯蓄を元にした投資が必要なんです。

この話は農家が持っているお米を今日食べるか、「種」として使うか、の話と同じです。農家が持っている米粒の量には限りがあります。その限りある「資源」を、今日食べてしまうこと（消費）もできます。でも、「種」として来年の収穫のために使うこともできます。

今年「種」として使えば（投資すれば）、来年はもっと多くのお米を手に入れられます。今年消費する量が増えれば増えるほど、目先の経済状況はよくなります。でも、投資しなければ来年の収穫量は増えません。それと同じです。

まとめ

長期の経済を成長させるカギは「投資」。ただ、資源を投資に振り向ければ、それだけ消費が減ることになる。

政府の景気対策は、投資を犠牲にしている！？

「この前、貯金を全部使っちゃった。日本経済が低迷したらどうしよう……」

それは大丈夫です。誰か一人が自分の財産を一晩で使い切っちゃったとしても、日本経済の将来には影響がありませんね。でも、政府の場合は影響が大きくなります。もし、政府が「目先の消費」を重視して、「投資」をおろそかにすると、大変なことになります。

政府が「目先の消費」のために使うお金とは、将来に何も残らないものにお金を使うことです。

社会の効率性を上げるためのインフラ整備や、技術開発援助にお金を出せば、それは「投資」になります。でも、何かの人件費や「定額給付金」など、「後に残らないお金」は「目先の消費」になります。

政府が景気対策と称して、「目先の消費」にお金をたくさん使うとします。すると、確かに「短期の経済」では消費（需要）が増えて景気が改善するかもしれません。でも、「目先」にお金を使った分、「将来」には使えなくなったわけですね。

さらに、政府が使うお金は民間から徴収した税金です。民間が「投資」に使う予定だったお金を徴収して、政府がそれを「消費」に使ってしまう、ということもあり得ます。

これはつまり、国として「消費」を優先して、「投資」を後回しにしている、ということで、「現在の景気対策」は、「将来の経済発展」を犠牲にしているという見方もできるのです。

現在、日本は政府がものすごい借金をしていて、「将来の世代にツケを回している」という批判もあります。でも、それだけではないかもしれません。もし現在の政府支出が、投資ではなく消費に充てられていたら、将来の世代は「借金のツケ」だけなく、「ちゃんと投資をして、生産性を上げてこなかったツケ」も支払わされることになるんです。

まとめ

政府が「目先の消費」に振り向けて、「投資」をしなければ、経済の成長力が削がれることになる

第7節 長期の経済における「失業」

次は、「失業」について考えていきます。「短期の経済」でも、失業について説明しました。でも、「長期」で考えた時には全然捉え方が変わりますので、改めて説明します。

では再度、「失業」の意味を確認します。

「『その時の給料水準で働きたいと思っているのに働けないこと』だよね」

その通りです。「給料相場が安すぎて働く気にならない」と思っている人、また専業主婦／主夫や学生のように、そもそも職を探していない人も失業者とは考えません。

「でも、それは短期も長期も同じことでしょ？ 何が違うの？」

長期では、価格が調整されて需要と供給のアンバランスが既に調整されている、と考えていますね。それは「就職」についても同じです。

つまり、短期の経済で「募集数（労働需要）」よりも「応募者数（労働供給）」が多くて、職に就けない人がいるとします。供給が多くて「労働者が余っている状態」ですね。

でも、長期の経済で考えた場合、給料（労働力の値段）が下がり、企業がより多くの労働者を雇えるようになっています。また一方で、給料が下がったら「そんな安い給料じゃ、やってられないね」といって応募を取り下げる人がいます（供給が減っています）。
その結果、「その時点での給料で働きたいのに働けない人」がいなくなるんです。これが前に説明した「完全雇用」の状態です。

「短期の経済」では、給料が変わらないと想定しているので、応募者数（労働供給）、企業が募集する人数（労働需要）のギャップが埋まりません。だから政府が景気対策をして、企業がもっと人員を雇うように仕向ける必要がありました。

でも、「長期の経済」では、そのギャップが自然に埋まるんです。

「長期的には失業者はいなくなるってことなんだよね」

基本的にはそうです。長期の経済では、常に完全雇用になっていますからね。

ただ、これには少し補足が必要です。実際、歴史的に見ても、失業率がゼロになっている時はありません。景気変動（不況）の影響を除外しても、ある一定の失業が発生しているんです。
これはどういうことでしょうか？　長期的に考えると、労働需要（募集社員数）と労働供給（応募者数）は、等しくなるように給料水準が調整されます。だから、単純に考えれば、失業者はゼロになるはずなんです。でもそうはなっていません。なぜでしょう？

それは「給料以外の理由で、どうしても失業が起こってしまうから」なのです。

給料以外にも、失業が発生する理由があります。「制度上・構造上の理由」です。みなさんが仕事を探す時も、今日からすぐに希望の職に就けるわけではありません。希望の仕事内容・待遇の企業を探し、その会社の面接を受け、先方内で少し検討されてから内定が出ます。その期間は「失業」していなければいけないんです。

また、たとえばA産業が衰退する一方で、B産業が伸びてくると、人材がA産業からB産業に移り始めます。B産業が人材募集を大量にかけていても、今までA産業で働いていた人がみんな「じゃあ明日転職しよう」とはいきません。分野が違うので、専門的な知識や経験が必要となる仕事は、準備が必要だからです。

医療業界、コンピュータ業界、建築業界など必要なスキルが（少なくとも一部は）違いますよね。「違う畑」への移行期間があり、その間は失業していなければならないんです。

その時の給料水準を前提にして働きたい人が全員働けている「完全雇用」の状態だったとしても、今説明したような理由によって、どうしても失業が発生してしまうわけです。ちなみに、この時の失業率を「自然失業率」といいます。

この「自然失業率」は、景気と関係ありません。言ってみれば「デフォルトの（標準的な）失業率」なんです。「自然」というのは、外部から何も「加工（作用）」を受けていないという意味で「自然」なのです。

そして、好景気には、自然失業率を基準に考えて「そこから何％か減る」、不況になると「そこから何％か増える」わけですが、何もなければまたこの「デフォルト」に戻ってきます。

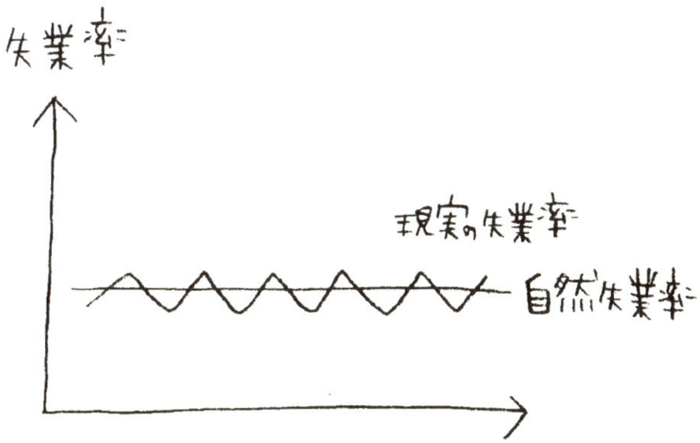

「自然失業率って何％なの？」

自然失業率は、社会的な規制や構造によって決まっています。だから、それらが変われば、自然失業率の水準も変わります。要は、時代によって変わるということです。今の日本では、大体4％と言われています。

短期的には、いろいろな事情で失業率が上下します。好景気になれば下がり、不況になれば上がります。でも、長期的に考えると、失業率はやがて「自然失業率」に戻ってきます。何かあっても、やがては自然失業率に戻ってくるわけです。

まとめ

長期の経済では、完全雇用になっていて、失業は発生しない。ただし、社会の制度・構造など給料水準とは別の理由で一定の失業は残る。この失業率を「自然失業率」という。

長期の失業対策

長期で考えると、失業率は「自然失業率」に収束します。ということは、政府が失業対策をして、一時的に失業率が下がっても、やがてはまた上がってしまうってことなんです。

「え？ じゃあ政府の失業対策は意味がないってこと？？」

長期では、つまり労働者の給料が需要と供給に見合うように調整された後では、失業率は「自然失業率の水準」に戻るわけですね。どうやっても、そこに戻ってしまうので、短期で何をやっても長期では意味がない、ということになります。

「失業率を低く抑えながらの経済発展」は、マクロ経済学の主要な目的のひとつです。最近は、日本でも、なんとかして失業率を下げようと、政府が躍起になっています。でも、そんな努力も、給料が調整されてしまうと「なかったこと」になってしまう、ということなんです。

「だとしたら、政府は何も対策はしないの？？」

結論からいうと、直接的な「失業対策」はしません。でもそれは、政府が無責任で何もしないということではありません。政府は、経済全体がうまく回っていくような政策を実施するのです。

では、次の項目で、長期の経済においては、政府はどんなことをすべきか、どんな政策が効果的なのかを説明したいと思います。

第8節　長期の経済における政策

長期の経済でどんな政策をすべきかを考える際には、長期の経済においての「貨幣」を考えなければいけません。貨幣がどんな位置づけで、経済に対してどんな影響を及ぼしているかが分かれば、自然と長期で行うべき政策も見えてくるのです。

「でも、『貨幣』については、さっき説明してくれたよね？」

それは短期の経済での話です。長期の経済では全然違う結論になります。それを詳しく説明していきます。

長期の経済における貨幣

今度は、長期の経済における「貨幣」について考えてみたいと思います。「短期の経済」の項目でも説明しましたが、貨幣には「交換手段」「価値貯蔵手段」「価値尺度」の3つの役割がありました。3つに分けていますが、いずれにしても貨幣は「商品と交換する」ということが目的です。このように考えると、世の中に必要な貨幣の量が分かってきます。

「え？ 分かんない。世の中に必要なお金の量って、いくらなの？」

ここで分かるのは、具体的な金額ではなく、考え方です。貨幣は「商品との交換のため」にあるとすると、このような計算が成り立ちます。

①世の中の貨幣量 × ②1年間に貨幣が使われる回数 = ③商品の金額 × ③商品の購入量

どういうことかというと、まず「①世の中の貨幣量×②1年間に貨幣が使われる回数」を計算すると、「1年間に総額でいくらの貨幣が使われたか」が分かります。

たとえば世の中に1億円の貨幣があって、それぞれの1万円札が1年間に12回使われたとします。つまり元々持っていたAさんが商品を買ってBさんにその1万円を渡し、Bさんも買い物をしてCさんに渡し……という感じで、年間に12回使われたとします。そうすると、この1年間に使われた「貨幣×の総額」は「1億円×12回＝12億円」になりますね。

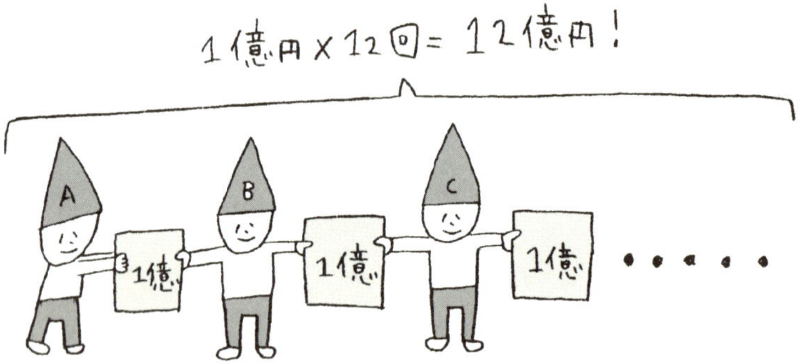

そして一方、「③商品の金額×④商品の購入量」は、その期間に「いくら分の商品が買われたか」を表していますね。

だから、

①世の中の貨幣量 × ②１年間に貨幣が使われる回数 ＝ ③商品の金額 × ③商品の購入量

は、「1年間で使われたお金の金額」＝「1年間で買われた商品の金額」という意味です。

そう考えると、当然この式は成り立ちますよね。

「当たり前じゃない？ この式は、何の意味があるの？」

このままだと、全く意味が分かりませんね。でも、この式は、「世の中には、どれくらい貨幣が必要か」を考え方として表していて、さらに「貨幣を必要以上に増やしたらどうなるか」も示しています。

さっきの式で、「①世の中の貨幣量」がいきなり増えたらどうなるでしょう？ たとえば2倍になったとします。そうすると、「②1年間に貨幣が使われる回数」が半分に減らない限りは、左辺が増えてしまいますね。とすると、それにつられて右辺も増えてしまいます。

「それがどうしたの？」

右辺の「③商品の金額×④商品の購入量」が増えるということは、結論からいうと「商品の金額」が上がるということなんです。

というのは、長期で考えると、「④商品の購入量」は「一定」だからです。長期では、「商品の取引量＝商品の生産量＝完全雇用国民所得の水準」でしたね。

長期では、失業が発生せず、「常にみんな働いている状態」になります。つまり、常に最大稼働し、常に生産可能な量MAXを生産しているわけです。

同時に、商品の価格も調整されて「企業が生産した量＝消費者が買う量」になっています。

要するに、生産能力ギリギリまで生産を増やしていて、さらにその生産した商品は全部売れている状態なわけです。だから、もうそれ以上「④商品の購入量」は増えません。だから「③商品の金額」が増えるしかないんです。

「つまり？？」

これはつまり、世の中の貨幣量が増えると、物価が上がるということを意味しています。

短期の経済では、貨幣量が増えると取引が行われやすくなる、としています。そして、取引が活発に行われるように、世の中の貨幣量を増やす政策をしています。貨幣量を増やして、需要を刺激しよう、景気を改善させよう、ということです。

でも商品価格や人件費が調整された後の「長期」で考えると、貨幣量が増えても取引量は変わらず、むしろ物価を上げてインフレを引き起こしてしまうのです。長期がどのくらいの長さか分かりませんが、やがてやってくる世界です。その時が来ると、世の中にある貨幣量が、そのまま物価上昇につながってしまうというわけです。

長期で考えた場合、世の中にどれくらい貨幣が存在していても、それは経済発展、景気回復には無関係になります。経済への「実効果」はなく、ただ単に物価水準を決めるだけになります。

「貨幣量は景気に無関係なのか……」

このように「貨幣量は実体経済に影響を与えない」という考え方を「貨幣ヴェール観（または「貨幣の中立性」）」といいます。

さっき、カレーパンの例で似たような話をしましたね。「財政政策によって需要を増やしても、長期では物価が上がるだけ」という話です。お気づきの方もいらっしゃるかもしれませんが、「需要を増やすと物価が上がる」というのと、「貨幣量を増やすと物価が上がる」というのは同じ理由から来ています。それは「生産量が変わらないから」です。

生産量が「完全雇用国民所得」の水準になり、そこから変わらないので、需要が増えると超過需要（品切れ）が発生し値段が上がります。生産量が変わらないので、貨幣だけ増えると物価が上がってしまうわけです。

まとめ

長期の経済では、生産量が一定のため、貨幣量が増えると、それだけ物価が上がってしまう。

長期の経済では何をすべきか？

では、ここで「長期の経済」で考えた時に、どんな政策ができるのか、またどんな政策をすべきなのか、見ていくことにします。

しつこいようですが、マクロ経済学の目的は、「インフレ率と失業率を低く抑えながら、経済を発展させること」ですね。まず基本的な目的は「経済を発展させること」です。ここは外せません。ただ、経済が発展しさえすればいいのかというと、そうではなく、付随条件があります。「インフレ率」と「失業率」が高くなると、それはそれでデメリットが大きいので、これらを低く抑えながら経済発展を考えていきます。

この視点を踏まえて、長期の経済で、政府は何ができるか、何をすべきか、を考えていきます。

まず、「インフレ率と失業率を低く抑えながら」という付随条件をクリアーすることから考えます。繰り返し説明してきたように、長期では、「完全雇用」になります。つまり失業が出ないんです。

正しくは、「自然失業率」というデフォルトの失業率で「安定」します。そこから上がっても下がっても、やがてはその「自然失業率」に戻ってきますので、もはやこの分の失業率は受け入れるしかありません。

と考えると、「失業率を抑える」ということはもはや考えなくてもいいですね。「短期の経済」では非常に重要なテーマでしたが、長期の経済では考慮する必要がなくなります。

ではふたつ目の付随条件です。「インフレ率」ですね。

長期では「完全雇用」になっています。でも、完全雇用だと、追加で採用できる人員がいないので、もう生産量を増やすことができません。

とすると、前に説明したように、いくら需要が増えても、それに応えて生産量を増やすことはできないんです。だから、需要が増えてしまうと、その分商品の値段が上がります。インフレが起こるわけです。

「あれ？ そもそも政府が実施する景気対策って、需要を増やすことじゃないっけ？」

その通りです。だから長期の経済では、財政政策にしろ、金融政策にしろ、需要を増やす政策は意味がなく、むしろ物価を上げるだけになってしまうんです。これは「無意味」どころか、「有害」です。

そうなると、政府は財政政策も金融政策も行うべきではない、という考えになってきます。政府があれこれ経済の面倒をみるのではなく、市場経済に任せるべきなんだ、と。いわゆる「小さい政府」を目指すべき、ということです。この「小さい政府」はアメリカのレーガン大統領、イギリスのサッチャー首相、日本では中曽根総理大臣などが目指したと言われています。

「じゃあ、政府は経済にノータッチってこと？」

一時的に景気が悪くなっても、失業が増えても、それに対して政策を実行しなくなります。だって、「有害」なんですから。

でも、長い目で見て必要な政策は実施します。どんな政策をするのが好ましいのか、それについては、「マネタリズム」が提唱する政策で説明していきます。

まとめ

長期の経済では、財政政策にしろ、金融政策にしろ、需要を増やす政策は経済に有害になる

マネタリズムの政策

「マネタリズム」とは、ミルトン・フリードマンという経済学者を代表とする経済学派で、基本的には古典派経済学と同様の考え方を主張しています。そして、マネタリズムの考え方を支持する人をマネタリストと呼びます。

まず、「価格の調整能力」を認めて「長期の経済」を前提にしている「古典派経済学」がありました。それに対して、「価格の硬直性」を主張して「短期の経済」を描いたケインズが反論しました。マネタリズムはその後です。

マネタリストは、ケインズが主張する「短期」の存在は認めながらも、もろもろの価格が調整された後の「長期の経済」を重視しています。そして、政府が実施すべき政策も、「ケインズ型」ではなく、「古典派経済学」の考えに沿ったものになっています。

「古典派経済学と似ているのに、
なんで『マネタリズム』っていうの？」

それは、マネタリストが「貨幣」を重視しているからです。マネタリズムの主張は、つきつめると「Only Money Matters（貨幣のみが重要である）」という言葉に凝縮されます。結局のところ、マクロ経済が安定成長していくためにコントロールしなければいけないのは「貨幣量だけ」と考えています。だから「マネタリズム」なんです。

経済学の大きな流れ
まず18世紀にアダムスミスが近代経済学の基礎を築きます。そしてスミス以降、20世紀にケインズが現れるまで「古典派経済学」が展開されます。ケインズは1929年に起こった世界恐慌での経済混乱を見て、「経済を回復させるには政府が有効需要を増やさないと！」と、古典派経済学の限界を主張しました。その結果、ケインズ経済学が主流となります。しかし1970年代にケインズの理論で説明できないスタグフレーション（インフレと不況が同時に起こる現象）に経済が苦しめられるようになると、マネタリストの勢力が拡大し、反ケインズ経済学が唱えられるようになりました。

そして、マネタリズムの考えをまとめると、こうなります。

① 市場には価格調整能力があり、失業率はやがて「自然失業率」になる
② 貨幣量が物価水準を決める
③ 政府は場当たり的に財政政策を実施する必要はなく、できるだけ財政収支の均衡を図るべき
④ 金融政策も貨幣供給量の安定化にとどめるべき

要するに、市場に任せておけばうまくいく、政策は無意味・有害なのでやるべきではない、世の中の貨幣量だけちゃんとコントロールすべき、ということを主張しています。

ケインズ派は政府が積極的に経済に介入して財政政策や金融政策をして、有効需要を創出すべきだと考えていますが、マネタリズムはこの正反対の立場です。

ケインズの経済学で想定している「短期の経済」では、消費、投資、政府支出がどのくらいの大きさになるかで経済の規模が決まり、政府の総需要管理政策が重視されていました。それに対して、マネタリズムは、世の中にある「貨幣量」だけが国民所得の金額を決めると考えているわけです。

この時点で、世の中の貨幣量が変わらない財政政策は、全く効果がないという結論が出てしまいます。

「いきなり結論出ちゃったけど、どういう理屈なの？」

先ほどまとめたように、マネタリズムも古典派と同様、長期的には価格が調整されて、完全雇用になると考えています（じつは、前に説明した「自然失業率」の考え方自体、マネタリズム創始者のフリードマンが提唱したものです）。

とすると、商品の供給量が「一定」になります。もし需要が増えても、供給量は増えず、単純に値段が上がるだけです。

前に「①世の中の貨幣量×②１年間に貨幣が使われる回数＝③商品の

金額×④商品の購入量」という式を紹介しました。マネタリズムでも、この式が成り立つと考えています。

つまり、「②1年間に貨幣が使われる回数」は政策によって変えられない、また「④商品の購入量」は完全雇用国民所得で一定になると考えているので、「①世の中の貨幣量」と「③商品の金額」が完全に連動して動くという結論になるわけです。

「なるほど、そうすると、需要が増えても意味がないし、貨幣量が物価水準を直接変化させるわけだね」

その通りです。

「でもさぁ、それは長期の話でしょ？ やっぱり短期では景気対策してほしいよ」

マネタリズムの立場に立つと、「短期の経済」においても、ケインズ型の財政政策・金融政策は無意味になるんです。

まず、「なぜケインズ型の財政政策が無意味か？」を説明しますね。結論からいうと、「完全なクラウディング・アウト」が起こるからです。政策の効果として需要を増やしても、同時に利子率が上がって投資が減り、「プラマイ・ゼロ」になってしまうのです。

「よく分からない。詳しく説明して！」

まず、財政政策によって需要が増えますね。その結果、景気が良くなります（国民所得が増えます）。でも、そうすると、みんなもっと買い物をしようとしますね。だからより多くの現金を持とうとします。貨幣需要が増えるわけです。でも「貨幣供給」は増えませんね。今は財政政策だけを実施することを考えていますから、「貨幣供給」は増えません。

こうすると、利子率が上がります。そして利子率が上がると、企業がお金を借りづらくなるので、どうしても投資が減ってしまいます。本来は、利子率が上がった時に、どのくらい投資が減るかは、ビジネス環境によります。利子率が上がっても、いい投資案件がゴロゴロしていれば、投資は減りづらいからです。

でもマネタリズムの立場では、政府が需要を増やしたら、その分だけ絶対に民間の投資が減って、政策の効果が完全に相殺される（「完全なクラウディング・アウト」が起こる）と考えています。

「ちょっと極論じゃない？」

この主張が極論かどうかは、実際の経済を見て判断するしかありません。理屈としては「完全なクラウディング・アウト」もあり得るので、実際にどうなっているか、でこのマネタリストの理論の価値が問われてくると思います。

「なるほどねぇ。じゃあ、金融政策については？」

マネタリズムでは、ケインズ型の金融政策も「無意味」と考えられています。というのは、金利を下げようとして世の中の貨幣量を増やすと、それがインフレにつながって、逆に金利を上げてしまうからです。

ケインズ型の金融政策では、世の中の貨幣量を増やすことで、金利を下げようとしていますね。その結果、企業の投資が増えるので、総需要が増えて景気が良くなるという筋書きです。でもマネタリズムでは、世の中の貨幣量を増やした時に起こるのは「物価上昇（インフレ）」と考えています。

「うん、さっき言ってたね。
でもインフレと利子率が関係あるの？」

それが関係大ありなんです。
お金はモノを買うためにありますよね。だから、商品の価格とお金の価値は切り離して考えることはできません。仮にインフレ率が年10％だったとします。今年100円のお菓子が来年は110円に値上げされているってことです。
こんな時、例えば金利が5％しかないと、どうなるでしょう？ 今年預けた100円は、来年に105円にしかならず、同じお菓子を買うことができなくなりますね。実質的にお金が減ってしまったことになります。

だから、みなさんが人にお金を貸す時、インフレ率以上の金利をもらえなければ、損をしてしまうので、当然「インフレ率以上の金利」を要求することになります。

だから、インフレ率が高くなれば、それに応じて金利も高くなっていくんです。

「なるほど。で、何の話だっけ？」

ケインズ型の金融政策では、世の中の金利を下げようとして貨幣量を増やしますが、その結果物価が上昇して、逆に金利が上がってしまうわけです。意図していることができない。だからマネタリズムの立場では「ケインズの金融政策は無意味」と考えられているのです。

まとめ
マネタリズムの立場では、ケインズ型の財政政策、金融政策は、ともに無効になる。

マネタリズムは、ケインズの裁量的政策も批判した

またマネタリズムでは、別の視点からも、ケインズ型の政策を批判しています。それは、「政府や中央銀行（日銀）が世の中の状況を見て、その都度判断する政策には、政策の効果が出るまでにタイムラグがあり、経済をますます不安定にしかねない」という批判です。

経済に問題が起きても、第一に、政府や日銀の担当者がそれを認識するまでには時間がかかります。第二に、認識してから対応策を考えて実行するまで時間がかかります。そして第三に、政策を実行してから効果が出るまでに時間がかかります。

この3つのタイムラグのせいで、たとえ「適切な政策」を実施してもタイミングが合わず、経済をむしろ不安定にしてしまうというわけです。

「なんでタイミングが合わないと、『むしろ不安定』になるの？」

不景気時には景気を盛り上げる政策、好景気には景気を抑える政策が必要ですが、不景気向けの政策を実行するつもりが、実施が遅く、景気が回復してきた時に実施してしまう可能性もあります。そうすると、好景気がますます過熱してしまいますね。

だから、その都度考えて実行する「裁量的な政策」はダメなんです。

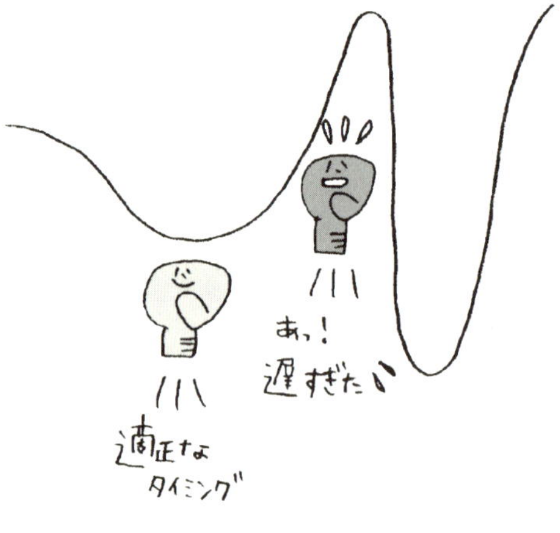

「じゃあどうすればいいの？」

マネタリズムの考えをまとめると次のようになります。

まず、財政政策は「完全なクラウディング・アウト」を引き起こして、政策の効果が相殺されるので、実施すべきではありません。でも、金融政策は実施すべきと考えています。

ただし、場面に応じてその都度行う「裁量的な政策」は、むしろ経済を混乱させる恐れがあります。だからその代わり、一定のルールを作って、どんな時もそのルールに従って金融政策を行うという方法を採るべきと考えました。

これは「k%ルール」と呼ばれ、長期的な経済成長率に見合ったスピードで、計画的・安定的に貨幣量を増やしていく、という政策案です。人口増加や技術進歩などで、経済が毎年成長していきます。経済が成長するのに貨幣量が変わらなかったら、不都合が起こるので、同じようなペースで貨幣も増やしていくのがベスト、ということです。これがマネタリズムが主張する政策です。

まとめ

マネタリズムでは、その都度検討して実施する裁量的な政策ではなく、一定のルールに基づいて機械的に行う政策が主張された

長期の経済で失業対策をすべきか？

**「長期では意味がなくなると
いっても、やっぱり失業対策だけはやってほしいよなぁ」**

そう感じていらっしゃる方は多いと思います。実際に、みなさんがこの本を読んでいる「今日」も失業は起こっています。もしかしたら、みなさん自身が求職中かもしれません。そんな時に、経済学者がテレビ番組で「長期的には失業はなくなるんだから、何もしなくていいんですよ」と言っていたら、非常に無責任に感じるでしょう。とにかく今が大変なんだから、「治療」をしてほしい！ と思うはずです。

だから、短期的に失業対策をやってほしいと思うのは、それは自然な発想だと思います。ただ、知っておいていただきたいこともあります。

「なに？？」

それは、失業対策が長期の経済に引き起こすデメリットのことです。失業対策がインフレ率を引き上げるということは前に説明しましたね。そして、長期では失業率は「自然失業率」で一定になるということも説明しました。つまり、短期的に失業率を下げても、やがてまた上がってきてしまうということです。

**「でも、たとえ一時的にでも、失業率は下げられるんでしょ？？
だったら少しの間だけでも下げてほしい！」**

その気持ちは分かります。ただし、インフレ率を考慮すると安易には判断できません。失業率はやがて元に戻っても、一度上がったインフレ率はそれと同時に元に戻るわけではないのです。インフレ率は上がったままです。

「上がったまま安定しているんでしょ？ だったらいいじゃん」

もしかしたら誤解があるかもしれませんので確認しておきます。インフレ率とは「物価が上がる速度」のことですから、インフレ率が安定するというのは、「安定した速度で物価が上がり続ける」ということです。つまり、毎年毎年、物価が上がっていく状態です。

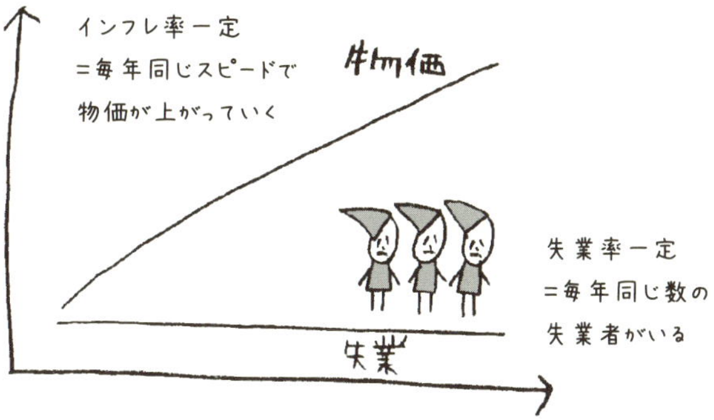
インフレ率一定
=毎年同じスピードで
物価が上がっていく
物価
失業率一定
=毎年同じ数の
失業者がいる
失業

**「なんで失業率は元に戻ってるのに、
インフレ率は戻らないの？」**

というより、「なぜインフレ率が変わらないのに、失業率だけ元に戻ってしまうか？」を説明した方が分かりやすいです。

政府が失業対策をすると、まず景気が良くなります。そうすると商品がたくさん売れるようになるので、企業はもっと稼ごうと思って商品の値段を上げます。これが世の中全体で起こるのが「インフレ」です。

ここで重要なのは、企業は最初「自社の商品しか値上げされていない」と勘違いするということです。つまり「生産費用は変わっていないけど、景気が良くなったので、自社の商品は値上げしても売れている」と感じているのです。

つまり企業の利益体質が改善したと勘違いするんです。そしてその分、企業は多く労働者を雇うことができます。だから失業が減るんです。

でも、企業はやがて、世の中全体の物価が上がっていることに気が付きます。要は、値上げしているのは自社商品だけじゃなく、原材料の値段や取引先への外注コストも上がっていることに気が付くんです。自社商品の値上げに伴って、原材料やその他の費用も値上げされていたら、企業の利益体質は結局変わりません。元のままですね。

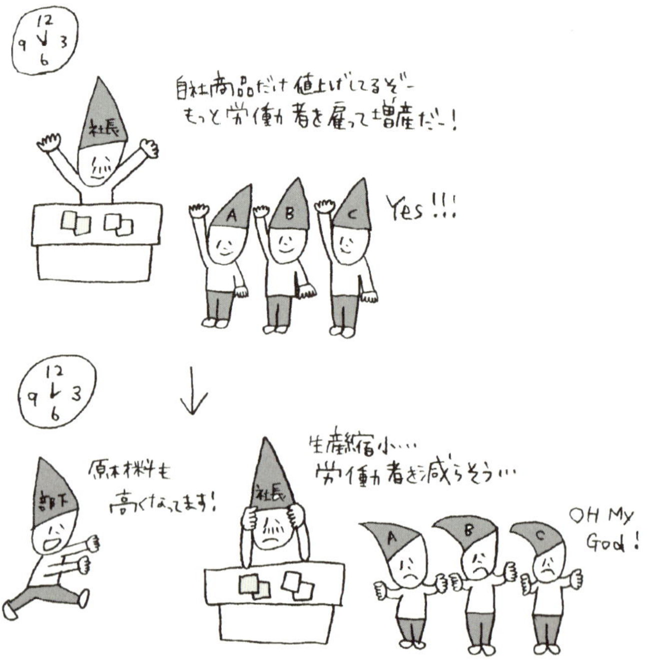

そして、利益体質が変わらなければ、企業が採用できる人員数も変わりません。一度企業の「勘違い」によって、採用数を増やしましたが、それが間違いだったことに気が付けば、また社員数を減らします。だから、失業率は元に戻ってしまうのです。

「そっかぁ。物価が一旦上がって、失業率が下がっても、元に戻っちゃうのか」

ここで重要なのは、物価上昇の方は「一旦」じゃすまない、ということです。さっきも言ったように、インフレ率が上がるということは、毎年どんどん物価が上がっていくということです。

というのは、一度物価が上昇すると、みんな「来年からも同じくらい物価が上がっていく」と考えるようになるからです。「慣性の法則」のようなものです。

そして、みんながそう思うと、実際に物価が上がってしまうのです。

「なんで！？」

みなさんの会社で商品の値付けを考えることをイメージしてください。去年は物価が全体的に5％上がりました。今年も同じペースで物価が上がっています。とすると、「来年からも同じペースで上がっていく」と考えるのが自然ですね。とすると、同じ利益を確保しようとしたら、来年売り出す商品は、物価上昇を考慮して「5％アップ」で値付けするはずです。

世の中のみんなが同じことを考えます。とすると、実際に「来年も物価が5％上がる」ことになってしまう、一旦上がったインフレ率は「慣性の法則」が働いて、上がりっぱなしというわけです。

政策を実施して失業率を一旦下げても、その効果は長続きせず、やがてまた上がります。長い目で見ると、インフレ率が上がっただけ、になるんですね。

「インフレ率は一度上がると、永遠に下がらないってこと？」

いえ、そうではありません。「ブレーキ」をかければ下げることができます。インフレ率が上がった時と反対のことをすればブレーキになり、インフレ率は下がることになります。

「インフレ率が上がるのは失業率を下げようとしたからだよね。ということは……」

そうです。少し変な表現ですが、失業率を上げれば、インフレ率を下げることができます。つまり、インフレ率を下げようとすると、失業率が上がってしまうということです。

でも、一般的にはインフレよりも失業のデメリットの方が強く感じられるので、「インフレ率を下げたいから失業率が上がっても仕方ない」という判断はあまりされません。となると、結果的に失業対策ばかり行われて、インフレ率がどんどん上がっていくということになってしまうんです。

短期的な失業に我慢できず、「痛み止め」ばかり打っていると、長期的には大変なインフレ率になっていってしまうということです。

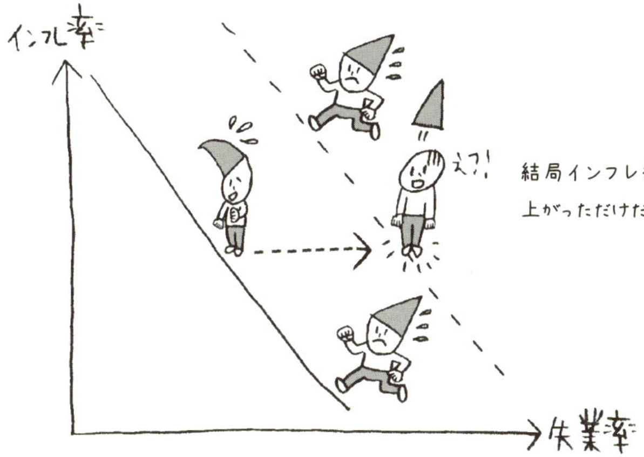
インフレ率
えっ!
結局インフレ率が
上がっただけだった
失業率

まとめ

失業率を下げると、インフレ率が上がってしまう。ただし、一旦下げた失業率はやがて元に戻ってしまう。一方で、インフレ率は元に戻らない。失業対策を繰り返すと、どんどんインフレ率が上がってしまう。

このように、「長期の経済」を前提に考えると、「短期の経済」で有効とされていた政策も無効、または有害になってしまいます。どちらの立場に立つかによって、政策の見方が異なるんです。

ただしこれは、「短期の経済」の政策が間違っているということではありません。前に説明したように、「短期の経済」「長期の経済」は両方理解する必要があります。両方知った上で、適宜政策の有効性を判断すべきなのです。

そして、お金や時間などの「限りある資源」を何に使ったら、国民が幸せになれるかを考えて、経済政策を行っていただきたいと思います。

おわりに

最後まで読んでいただき、ありがとうございます。

「はじめに」でお伝えしたように、この本では数式やグラフはほとんど出てきません。その代わり、日本語として経済学を理解していただくことに重点を置きました。

「細かい理屈は分からないけど、経済学の考え方と、経済学がやろうとしていることは分かった」と感じていただけたら、本書は成功です。

そして、「今度はもう少し難しい本を読んでみたい」「理論的な背景をもっと知りたい」と感じてくれた方いらしたら、大成功です。

もっと経済学を知りたいと感じた読者のみなさんには、

『落ちこぼれでもわかるミクロ経済学の本』（木暮太一・著、マトマ出版）
『落ちこぼれでもわかるマクロ経済学の本』（木暮太一・著、マトマ出版）

をお勧めさせてください。ともに私が書いた本です。これらの本にはグラフや数式も登場し、より「経済学っぽく」なっています。

そして、文字を大きく、行間も広く取っていますので、読みやすいです。

また、本書を読んでいただいた読者のみなさんであれば、「経済学とは何をやろうとしているものなのか？」をご理解いただいていますので、経済学理論を理解する準備ができています。今まで全く歯が立たなかった本でも、驚くほど理解が進むことを実感いただけると思いますので、この機会にぜひ挑戦されてはいかがでしょうか？

2011年1月　鎌倉のスターバックスにて
木暮太一

お勧めしたい木暮太一の本

『落ちこぼれでもわかるミクロ経済学の本』

(1,180円+税) マトマ出版

大学生協で売れ続けて12年! 大学生に一番読まれているミクロ経済学の参考書です（※指定教科書除く）。初学者を対象に、ミクロ経済学の理論をこれ以上なく簡単に解説しています。12年間売れ続けるには理由があります!

『落ちこぼれでもわかるマクロ経済学の本』

(1,180円+税) マトマ出版

大学生協で売れ続けて12年! ミクロと並び、大学生に一番読まれているマクロ経済学の参考書です（※こちらも指定教科書除く）。イメージをしづらい「マクロ経済学」の世界を、分かりやすい例え話と、丁寧な解説で徹底的に分かりやすく! 分かりやすさは実績が保証しています。

『マルクスる? 世界一簡単なマルクス経済学の本』

(1,080円+税) マトマ出版

資本論という難解な世界を、木暮太一が解説したらこうなりました。13年前に書かれた木暮太一のデビュー作です。相対的にニッチなテーマですが息長く売れ続けています。見た目は柔らかい本ですが、特に専門家からの評価が高く、本格的学術書としても読まれています。

『マンガ＋講義でよくわかる 経済学超入門』

(2,000円+税) 東洋経済新報社

経済学を萌え系マンガで解説しています。まずはマンガで経済学のエッセンスを把握していただき、その後本文で詳細の理論を解説しています。マンガだけでも読む価値ありかも!?

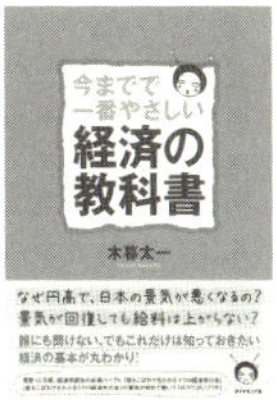

『今までで一番やさしい経済の教科書』

(1,300円+税) ダイヤモンド社

木暮太一が初めて書いた「経済ニュースの解説本」です。2011年1月時点で15刷11万部突破! iPhone向けアプリも発売され、総合第2位に（Appストア、有料ブックカテゴリ）。
今更聞けない、でもこれだけは知っておきたい日本経済の仕組みと出来事がこの1冊で分かります。「今までで一番やさしい」はウソではありません!

『経済が世界一シンプルにつかめる本』

（1,500円＋税）明日香出版社

11部突破の『今までで一番やさしい経済の教科書』の「世界経済版」。世界の経済ニュースを「衣食住」「ヒト・モノ・カネ」の6つの視点から解説。複雑な情報を6テーマに仕分けして理解することで、頭が整理され、知識を有機的に活用できます。世界経済を勉強する時に、最初に読んでいただきたい本です！

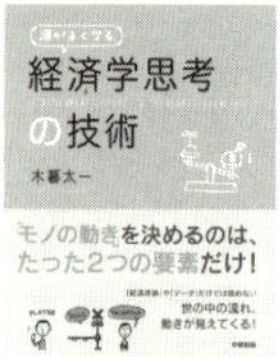

『頭がよくなる「経済学思考」の技術』

（1,428円＋税）中経出版

本書でも紹介した経済学の考え方をビジネスに活用するための本。物事の本質を捉え、かつシンプルに考えられるような思考のフレームワークを紹介しています。民主党に政権交代しても同じ問題が起きる理由、大多数の人がダイエットに失敗する理由もこの本ですっきり分かります。「頑張っているのになぜ結果が変わらないのか？」その答えはこの本の中にあります。

『子供に教える「経済学」』

（1,400円＋税）　青春出版社

なぜ税金を払わなくちゃいけないの？ 食糧自給率問題って何？ 派遣切りってどんな問題？ ……じつはよくわからなかった「経済」を「経済学理論」を含めて解説。理論も分かるから、自分の言葉で説明できるようになる！ ちょっと自信がない大人のための、世界一やさしい経済の授業です。

『はじめてのFX 1年生　儲かる仕組み損する理由が分かる本』

（1,400円＋税）明日香出版社

急激な円高!?「FXで儲買ったという話も聞くし、興味もあるけど、何から手をつければいいのか分からない……。」「FXってどれくらい儲かるの？ 損はしないの？」

いまさら人に聞けない素朴な疑問から、FXの取引方法、「儲けと損」の仕組み解説まで。FXがどういうものか、分かります。取引を始める前にまず読んでほしい入門書です。

索引

参考文献

伊藤元重 『入門経済学（第3版）』日本評論社 2009年

岩田規久男 『経済学を学ぶ』 筑摩書房 1994年

塩澤修平 『経済学・入門（第2版）』 有斐閣 2003年

福岡正夫 『ゼミナール経済学入門（第4版）』 日本経済新聞出版社 2008年

ジョセフ・E・スティグリッツ、カール・E・ウォルシュ 『スティグリッツ 入門経済学（第3版）』（藪下史郎ほか訳） 東洋経済新報社 2005年

ジョセフ・E・スティグリッツ、カール・E・ウォルシュ 『スティグリッツ ミクロ経済学（第3版）』（藪下史郎ほか訳） 東洋経済新報社 2006年

ジョセフ・E・スティグリッツ、カール・E・ウォルシュ 『スティグリッツ マクロ経済学（第3版）』（藪下史郎ほか訳） 東洋経済新報社 2007年

N・グレゴリー・マンキュー 『マンキュー入門経済学』（足立英之ほか訳） 東洋経済新報社 2008年

N・グレゴリー・マンキュー 『マンキュー経済学（1）ミクロ編』（足立英之ほか訳） 東洋経済新報社 2005年

N・グレゴリー・マンキュー 『マンキュー経済学（2）マクロ編』（足立英之ほか訳） 東洋経済新報社 2005年

著者

木暮太一（こぐれ・たいち）

1977年千葉県生まれ。慶應義塾大学経済学部を卒業後、富士フイルム、サイバーエージェント、リクルートを経て、独立。大学在学中に自主制作した「気軽にはじめる経済学シリーズ」が大学生協や一般書店で累計5万部を突破。現在も、時間がなくても予備知識がなくても、読んですぐに理解できる本当にわかりやすい書籍の執筆に注力している。著書に、『落ちこぼれでもわかるミクロ経済学の本』『落ちこぼれでもわかるマクロ経済学の本』『マルクスる？ 世界一簡単なマルクス経済学の本』（マトマ出版）、『今までで一番やさしい経済の教科書』（ダイヤモンド社）、『マンガ＋講義でよくわかる経済学超入門』（東洋経済新報社）、『はじめてのFX 1年生儲かる仕組み損する理由がわかる本』（明日香出版社）、『子供に教える「経済学」』（青春出版社）などがある。

koguretaichi@gmail.com

twitter：@koguretaichi

大学で履修する入門経済学が1日でつかめる本
絶対わかりやすい経済学の教科書

2011年2月23日 初版発行

著者　木暮太一
イラスト　matsu
装丁・本文デザイン　萩原弦一郎（デジカル）

発行者　木暮太一
発行所　マトマ出版
〒248-0005　神奈川県鎌倉市雪ノ下3
電話：0467-81-3873、FAX：0467-81-3867

【書籍に関するお問い合わせ、ご注文はこちら】
マトマ出版　お客様窓口
〒104-8127　東京都中央区銀座2-13-20　東武ハイラインビル5F
電話：03-3542-3139、FAX：0467-81-3867

印刷・製本　図書印刷株式会社

万一、落丁乱丁のある場合は送料小社負担でお取り換えいたします。小社宛にお送りください。
なお、本書の一部あるいは全部を無断で複写複製することは、法律によって禁止されています。

© Taichi Kogure 2011
ISBN 978-4-904934-03-6